Édouard POULAIN

Contre le Cinéma

École du vice et du crime.

Pour le Cinéma

École d'éducation, moralisation et vulgarisation.

Mars 1917

BESANÇON
Imprimerie de l'Est
6, Rue de la Vieille-Monnaie

GENÈVE
Action Bibliographique Sociale
11, Rue du Prince, 11

PRIX : 3 francs.

Contre le Cinéma

École du vice et du crime.

Pour le Cinéma

École d'éducation, moralisation et vulgarisation.

Édouard POULAIN

Contre le Cinéma

École du vice et du crime.

Pour le Cinéma

École d'éducation, moralisation et vulgarisation.

Mars 1917

BESANÇON

Imprimerie de l'Est

6 Rue de la Vieille-Monnaie

GENÈVE

Action Bibliographique Sociale

11, Rue du Prince, 11

PRIX : **3** francs.

Aux Parents,

Aux Législateurs,

Aux Maires,

ces pages, solidement étayées

et puissamment documentées,

sont dédiées.

E. P.

Champagnole (Jura), février-mars 1917.

PRÉLIMINAIRES

Deux forces existent qui font la solidité d'une nation : la force matérielle et la force morale. Celle-ci est incontestablement la plus puissante. Aussi est-il antipatriotique, néfaste, misérable de la saper. C'est pourtant le jeu démoralisant auquel se livrent tant de gens, les uns par malice ou calcul, les autres par inconscience.

Quiconque pervertit l'esprit et le cœur des masses est, par suite, un malfaiteur public. Ce qui ne l'empêche pas de jouir de l'impunité légale et parfois d'être aux honneurs... Les pieds et la boue ne sont-ils pas trop souvent en Haut ?

Or, le devoir de tout Français est de contribuer à la défense du pays. Le soldat par les armes. Le civil, par le labeur, la charité, le dévouement, la parole, la plume. Chacun selon ses facultés ou possibilités personnelles.

Fidèle à notre programme de combattre tout mal moral qui mine le pays, nous continuons à servir.

A cet effet, nous lançons une nouvelle publication militante. Comme son titre l'indique, elle est à la fois la détraction et l'apologie du cinématographe, selon l'angle envisagé.

Les uns courent sus à l'ennemi du dehors : le Boche.

Les autres foncent sur l'ennemi du dedans : l'empoisonneur.

Servir et militer.

Tous font du bel et bon ouvrage ; tous méritent bien de la patrie ; tous sont nécessaires au salut national et se complètent.

Il est dû respect à la vérité intégrale, respect aux droits violés, respect aux faiblesses opprimées, respect à la conscience, respect aux convictions religieuses, respect à la moralité publique.

S'employer à faire perdre au peuple, soit par l'écrit ou le dessin, soit par la représentation scénique, le sens du juste et de l'injuste, la notion du bien et du mal, cela s'appelle une infamie sociale. Car le poison intellectuel finit par intoxiquer les foules comme les vagues arrivent à réduire de grosses pierres en galets.

Honte aux pamphlétaires de l'encrier, aux spadassins du spectacle !

Nos vaillants soldats se chargent avec abnégation de refouler les bandits extérieurs ; et les civils éclairés, capables de causer ou écrire, hésiteraient à parfaire leur œuvre de salut en combattant les bandits intérieurs ?

Déjà, nous avons eu la joie de démasquer de vilains oiseaux, de stigmatiser des tueurs d'énergie morale, de réfuter des thèses dangereuses et nocives dans deux petits livres parus en 1916 et dans des journaux. Au début de 1917, nous persévérons dans cette voie, nous promettant de continuer à traiter des sujets d'actualité, à combattre le mal, à semer des idées saines, à répandre des antidotes. Successivement, nous aborderons une série de questions essentielles dans l'intérêt national. Tout viendra à son heure et portera.

Le présent livre montre sous leur vrai jour les entreprises cinématographiques, fait bien voir ce qu'elles sont, ce qu'elles font, ce qu'elles devraient être, ce qu'elles devraient faire. Le chemin du devoir est nettement tracé aux autorités comme aux familles ; les remèdes rationnellement administrés.

Méthode employée : toujours la même. Nous ne ne varierons pas. Beaucoup d'idées. Beaucoup d'images. De l'argumentation fortement étayée, donc puissante, donc solide — avec, parfois, l'utilisation d'un objet de toute première nécessité vis-à-vis des malpropres : la cravache !

CHAPITRE PREMIER

Le Cinéma et la Science

Pas n'est besoin d'être un grand naturaliste pour s'expliquer aujourd'hui le phénomène de la vision. Quelques notions d'anatomie illustrées par la théorie de la chambre noire, telle qu'on l'étudie en physique, et l'intelligence la plus simple comprend.

Frappante, à vrai dire, l'analogie qu'on relève entre l'œil humain et la chambre noire d'un appareil photographique, d'autant plus que le cristallin constitue un objectif de toute première marque et que l'impressionabilité de la rétine laisse loin derrière elle la sensibilité des plaques soumises par une combinaison savante de puissantes lentilles au jeu plus ou moins rapide de la lumière.

A noter que plus intense est la lumière dans laquelle baignent pour ainsi dire les objets compris dans le champ visuel de l'œil qui les observe, plus vive est l'impression de la rétine, et plus persistante, après la disparition des objets, la vision transmise par le nerf optique au cerveau.

Or, le cinématographe est précisément l'application pratique de ce phénomène.

Il est scientifiquement basé sur le fait physiologique de la persistance des impressions lumineuses et permet ainsi de reproduire le mouvement et la vie.

C'est qu'en effet, grâce à cette persistance visuelle, on peut tour à tour faire apparaître et disparaître un objet éclairé, lui en substituer un autre dans un temps très court sans que l'œil puisse s'apercevoir de l'éclipse du premier objet, exhiber successivement les diverses poses d'un individu de telle sorte que le deuxième geste succède sans interruption au premier, le troisième au second et ainsi de suite. L'ensemble des positions substituées, des éclipses et des mouvements fugitifs est recueilli sur un écran très bien tendu, soupoudré, métallisé ou revêtu d'une peinture semi-diffusante qui renforce la luminosité. D'où la formation des vues animées.

Assurément, cette merveille scientifique de la science a nécessité de nombreux tâtonnements ; on n'a pas, du premier coup, obtenu l'illusion de la vie. Les images fixes, inertes, ont précédé les images animées, vivantes. L'immobilité ne s'est transformée en mouvement que par lentes étapes.

La lanterne magique et l'appareil de photographie auront été les précurseurs du cinématographe, invention véritablement prestigieuse.

De découvertes en découvertes, on en est arrivé à reproduire le mouvement par l'image. Il a fallu un demi-siècle pour atteindre au merveilleux résultat de notre époque, et ce, grâce à la multiplicité des chercheurs doués d'une inlassable patience, à leurs labeurs opiniâtres et aux perfectionnements successifs par eux réalisés.

D'autre part, les films ininflammables, les carters pare-feux automatiques et autres moyens de ce genre donnent aujourd'hui pleine et entière sécurité aux spectateurs, tant et si bien qu'on n'a plus à déplorer, comme trop souvent hélas ! dans les débuts, les ravages de l'incendie et les paniques tumultueuses.

Enfin le problème du cinématographe en couleurs ne paraît plus insoluble malgré des difficultés pratiques auxquelles se heurtent les travaux en cours. Si défectueuses que soient les premières images coloriées offertes au public, n'y a-t-il pas lieu de diagnostiquer que prochainement de sensibles progrès seront réalisés et plus tard tous obstacles surmontés ?

L'ingénieur J. Rosen a publié à la Société d'éditions techniques, 3o, rue Jacob, Paris, une remarquable étude scientifique du cinématographe avec tous les perfectionnements obtenus des débuts à nos jours, notamment ceux de Plateau, Du Mont, Ducos du Hauron, Marey, Démeny, Lumière, etc... Nous renvoyons à ce savant et substantiel travail tous ceux que peuvent intéresser au point de vue technique, les inventions successivement réalisées dans cette branche industrielle. Pareilles descriptions n'entrent nullement dans le cadre de notre étude *sui generis* sur la cinématographie. Cette étude en effet est d'ordre social et national, non d'ordre scientifique. Nous faisons aussi œuvre de moraliste ; non point de physicien.

Rien n'a paru jusqu'ici, sous ce jour, en librairie où on ne trouve que l'étude du cinématographe comme science pure. Nous sommes le premier à combler la lacune.

CHAPITRE II

Le Cinéma et la vogue

L'engouement populaire pour le cinématographe est indicible ; prodigieuse est la diffusion de cette invention dans l'univers. La seule Australie compte plus de mille établissements ! Cet outil merveilleux a véritablement conquis les cinq parties du monde.

Il s'est imposé non seulement aux amateurs de distractions et aux amuseurs, mais aussi aux gens sérieux et studieux comme à l'élite intellectuelle qui sème les idées et imprime les directions.

Son développement est gigantesque parce que, bien plus que la presse, bien plus que la chanson, bien plus que le théâtre, il pénètre jusqu'au tréfonds des peuples et règne par l'importance esthétique, sociale, économique et scientifique.

Dans la petite ville de Champagnole que nous habitons, il n'y a pas d'argent pour les œuvres et les choses sérieuses, mais il en regorge pour les primeurs hors de prix, pour la toilette, les modes ridicules, les plaisirs de toutes sortes et les spectacles cinématographiques. Quand une entreprise de ce genre vient faire une tournée, il faut voir avec quelle précipitation la population se dirige vers la salle de représentation ! Les habitants, mis en appétit par la première séance, ne manquent pas une seule des suivantes. Champagnole a de nombreuses sœurs...

Dans les grandes villes, les théâtres sont généralement moins fréquentés qu'autrefois. Ce n'est pas que le fait soit la résultante de la guerre. Le public se rend de préférence dans les salles de cinématographie parce que le prix des places est plus accessible aux bourses, parce qu'aussi l'attrait est plus grand. Il s'électrise à la vue des films policiers et sensationnels — et s'empoisonne aussi...

La guerre passera, mais la frénésie des foules à se ruer au cinéma subsistera et même s'intensifiera, surtout si les progrès prévus, escomptés, recherchés se réalisent.

La vogue de cette invention est si prodigieuse que les théâtres détrônés s'ingénient parfois à reconquérir la faveur du public en associant la projection animée à la représentation humaine, en alternant les acteurs et l'écran, en adaptant les feuilletons à la scène et alliant les parties dialoguées avec les parties cinématographiées, celles-ci renforçant l'action des comédiens ou des tragédiens et permettant aux spectateurs de mieux suivre les péripéties.

Les affaires cinématographiques sont partout devenues aussi prospères que nombreuses. Tel est l'essor de cette industrie que les fonds affluent à elle, que capitalistes et financiers y sont attirés comme par un invincible aimant.

Les organes de Bourse publient les bilans des sociétés de cinématographie, le cours de leurs valeurs sur le marché, les comptes-rendus de leurs assemblées générales.

Des journaux et revues ont été créés qui se sont spécialisés dans les renseignements et la marche des affaires de cette catégorie. Des hommes compétents en ont la direction. Citons les principaux périodiques : En France, *le Ciné-Journal*, *le Cinéma* ; en Italie, *le Ciné-Phono-Revista* ; en Angleterre, *le Kinematograph Wekly* ; aux États-Unis, *le Film Index*, *le Film Reports*, *le Moving Picture World*, *le Moving Picture News*.

Il existe d'autre part une revue cinématographique : l'*Heldo-Film*.

Les plus importants établissements de cinémas sont ceux des frères Pathé, des fils Lumière, des sociétés Jougla, Eclipse, Cinès, Gaumont, Omnia, etc... dont les entreprises sont florissantes, dont les capitaux se chiffrent par millions et les bénéfices par des centaines de milliers de francs. Quel beau champ d'action pour l'escarcelle de notre grand argentier Ribot et quel substantiel aliment dans le plat de l'impôt sur le revenu !

CHAPITRE III

Le Cinéma et le reportage

De J. Rosen, cette intéressante relation :

Le cinématographe est le complément du journal ; il illustre de scènes vécues la lecture des faits de la vie quotidienne. Ses reporters vont partout, se tiennent au courant de tout, permettant ainsi au public de tout voir et de tout entendre, sans pour cela se donner la peine de voyager.

Un événement important ou simplement curieux va se produire; vite les opérateurs se dirigent sur les lieux ; ils suivent les grandes manœuvres navales ou territoriales, ils assistent au lancement des grands cuirassés de guerre, ils accompagnent en Afrique et autour du monde les explorateurs ; n'ont-ils pas suivi les traces du célèbre Président Roosevelt dont les grandes chasses ont eu un retentissement universel ?

L'éruption de l'Etna, en 1910, a fourni aux opérateurs l'occasion de développer un film sensationnel, reproduisant le terrifiant spectacle avec un réalisme impressionnant.

Les grandes manœuvres navales italiennes ont été cinématographiées, avec l'autorisation du ministère de la marine d'Italie ; il en a été de même des grandes manœuvres de Picardie en 1910 ; des expériences d'aviation et des circuits d'automobiles des plus sensationnels, des grandes manœuvres allemandes ; en un mot de toutes les actualités, même des plus brûlantes. Souvent même le cinématographe devance les journaux ; il agit, en tous les cas, avec une rapidité déconcertante. Témoin ce douloureux accident d'aéroplane qui occasionna, en décembre 1910, la mort des aviateurs Laffont et Mariano Pola, à l'aérodrome d'Issy-les-Moulineaux. La maison Gaumont a pu cinématographier point par point la chute des aviateurs et, quelques heures après l'accident, le Théâtre Gaumont situé sur les boulevards de Paris, projetait sur l'écran le film de 50 mètres, reproduisant le tragique événement. Il en a été de même de la toute récente catastrophe d'Issy-les-Moulineaux qui coûta la vie à M. Maurice Berteaux, ministre de la guerre (21 mai 1911). Le soir même les cinématographes installés sur les grands boulevards de Paris projetaient le film qui reproduisait le départ de la course Paris-Madrid et le tragique accident.

C'est le dernier mot de l'actualité ! C'est aussi un document d'une importance considérable. Qui peut dire le profit que retirera un jour l'aviation de cet enregistrement détaillé de ces malheureuses catastrophes ?

Les Anglais que de tels reportages émerveillent, en arrivent à rêver, pour le cinématographe, les utilisations les plus extraordinaires. Un de leurs journaux laissait même entendre qu'à la cinématographie succéderait, dans un avenir prochain, la cinétélégraphie, qui permettrait de projeter des vues prises le jour même, à de longues distances ! Ne haussons pas les épaules. Peut-on dire, en ce siècle où les progrès de la science vont à pas de géants, qu'il y a pour elle quelque chose d'impossible ?

Veut-on encore un autre exemple de la rapidité de la documentation cinématographique ? Lors du retour de Roosevelt, le chasseur de tigres, cinq opérateurs stationnant sur le chemin prenaient des vues. Dès que l'un d'eux avait terminé, son négatif était porté au galop à la fabrique, en sorte que la première vue était déjà développée avant que le quatrième opérateur ait commencé à tourner la manivelle de son appareil. Quant au public des différents théâtres de New-York, il était absolument stupéfait d'assister le soir même au spectacle, en projections, de l'arrivée du célèbre chasseur (Ciné-Journal).

La cinématographie a encore battu les journaux dans une circonstance mémorable et qui vaut la peine d'être contée.

C'est à l'occasion des funérailles du roi Édouard VIII, à Londres, en mai 1910. La cérémonie avait lieu dans la première moitié de la journée, et le soir même la projection vivante en fut donnée à Paris où le public n'en croyait pas ses yeux. Cette prouesse classe le cinématographe au premier rang des moyens d'informations, car il est acquis que ce jour-là il a devancé en rapidité les grands quotidiens et les revues illustrées (Ciné-Journal).

Déjà, lors des obsèques du roi Carlos de Portugal, à Lisbonne, le 8 février 1908, le cinématographe avait réalisé un joli tour de force de reportage. Trois jours après, le 11 au soir, les spectateurs de Paris et de Londres voyaient défiler sur l'écran des théâtres le cortège émouvant qui accompagnait les cendres du monarque assassiné. Lisbonne d'ailleurs aurait pu assister le soir même à ce spectacle, une heure après la cérémonie, puisqu'il est possible maintenant, avec les procédés de développement et de tirage dont on dispose, de projeter une bande 20 minutes après la prise du négatif.

On cite encore ce tour de force. Le cinéma-théâtre de Finsbury-Park a réussi à donner à 8 heures du soir des vues d'un match de football qui avait eu lieu à Swindon, à cinq heures de l'après-midi. Les opérateurs avaient développé leurs vues dans le train même qui les ramenait !

Parfois cette recherche de la documentation n'arrive à ses fins qu'au prix de sacrifices pécuniaires énormes.

Témoin le fameux match Johnson-Jeffries qui s'est disputé à Reno en 1910. Le droit de cinématographier ce combat auquel assistaient cinquante mille personnes a été payé treize cent mille francs, non compris, bien entendu, les frais personnels de la société qui a établi le film, ce célèbre film qui a fait courir des millions de spectateurs et qui a donné lieu, à l'étranger, à de retentissantes polémiques au sujet de la brutalité de la scène qu'il était le seul à reproduire d'une façon authentique. Il avait même été question d'en interdire la projection en Angleterre et aux États-Unis, et l'on se souvient de la décision prise par le conseil municipal de Londres d'engager tous les directeurs de théâtres ou de music-halls donnant des séances de cinématographe à ne pas donner cette vue qu'il considérait comme peu recommandable.

C'est la Compagnie Vitagraph qui aurait pris la vue du terrible match de boxe. Les photographes étaient au nombre de dix, sans compter leurs aides, et placés par trois, donnant ainsi trois négatives par chaque position des combattants.

Le cinématographe complète donc le récit des journaux, il est appelé à devenir de plus en plus le témoin véridique de tous les grands événements du monde. La Maison Pathé frères a même créé ce qu'elle appelle d'un nom heureux le *Pathé-Journal*, le journal cinématographique qui, chaque soir, projette sur l'écran les faits du jour ou de la semaine les plus saillants, en des images qui constituent pour l'histoire contemporaine des documents d'une valeur inappréciable.

Le seul défaut du reportage photographique est d'être plus indiscret encore que le journalisme ; c'est qu'en effet s'il nous appartient de ne dévoiler aux journaux que ce qu'on veut bien leur dire, par contre, c'est à notre insu, sans même que nous y prêtions attention, que le photographe opère ; il surprend nos gestes, il enregistre nos attitudes les plus abandonnées et quelquefois cela peut sembler audacieux. On s'est demandé même s'il n'y avait pas, dans cette façon d'agir des reporters cinématographiques, une atteinte aux droits de la personne humaine.

La question s'est posée tout récemment à Caen, à propos d'un cortège funèbre dont certains assistants, dûment cinématographiés par un opérateur en veine d'actualités, voulaient interdire la représentation sur l'écran d'un théâtre *ad hoc*. Cette question a son importance, car selon la solution qu'on va lui donner, le progrès du cinématographe, sa liberté de tout voir et de tout dire pourront s'en trouver ou confirmés ou bien entravés.

Le Ciné-Journal n'hésitait pas à conclure en faveur du cinématographiste incriminé ; pour ce journal, le droit de prendre et de projeter sur l'écran la vue d'un fait public ne saurait être contesté.

Nous le pensons aussi ; d'ailleurs un jugement du juge de paix de Narbonne, du 4 mars 1905, qui a débouté un plaignant de sa demande en dommages-intérêts contre un exploitant de projeter son image cinématographique dans une foule, semble confirmer cette opinion. Toutefois, ce droit des opérateurs a des limites et nous ne croyons pas qu'il soit permis de reproduire tout ce qui se passe dans la rue par cela seul que cela se passe en public. D'ailleurs le jugement de Narbonne a très sagement fait une réserve en déclarant que s'il appartient au cinématographiste de reproduire tout ce qu'il voit dans la rue, ce droit a pour limite le droit qu'ont les particuliers de faire défense à l'exploitant de continuer à représenter en public les traits reproduits par la photographie.

L'industrie du Cinématographe n'a rien à gagner, au surplus, à froisser la conscience publique par des procédés semblables. On reproche à juste titre au journalisme contemporain d'être tombé dans ce travers fâcheux et de léser des intérêts privés dans un but d'informations à outrance, assurément excessif. Le cinématographe ne se ferait que du tort en imitant les fautes et les erreurs qui ont contribué, en ces dernières années, à discréditer la presse française, jadis si forte et si respectée.

. . . .

Le cinématographe, est-il besoin de le dire, a été bien vite accaparé par la publicité qui a vu, dans cette invention, un merveilleux moyen de renouveler les anciens procédés. On peut voir sur les boulevards de Paris des cinémas en plein air, projetant sur les balcons et sur les toits d'ingénieuses réclames que regarde avec curiosité le public massé sur les trottoirs.

A Chicago, une maison de nouveautés a installé une salle de Cinéma pour ses clientes, et sur l'écran, sont projetées toute une série de vues montrant les dernières modes portées par les plus jolies mondaines. C'est une façon de supprimer les mannequins ou du moins de leur éviter la fatigue de poser pendant toute une jour-née sous les yeux des clientes ; il leur suffisait de poser une fois devant l'appareil cinématographique.

CHAPITRE IV

Le Cinéma et l'école du vice, du crime.

Le cinématographe se signale généralement par le mauvais goût et l'immoralité. Il distille le poison moral aux enfants et aux gens du peuple. Les films policiers, criminels, licencieux et démoralisateurs forment avec le concours des affiches-réclames évocatrices, de futurs cambrioleurs, de futurs chenapans, de futurs bandits. Aussi a-t-il maintes fois motivé les observations des moralistes.

Nous ne saurions trop nous indigner contre l'audace des entrepreneurs de spectacles. Ils en prennent vraiment à leur aise.

Nous ne saurions trop nous élever contre l'influence pernicieuse des films exploités par les maquignons de l'immoralité, ces ennemis de l'hygiène nationale.

Nous ne saurions trop mener une énergique campagne contre le cinématographe quand son but est de pervertir, de dégrader.

Pour la Patrie, joignons-nous à ceux, trop rares, qui jettent l'alarme.

Tout homme honnête et clairvoyant frémit d'indignation et de honte en songeant à ces spectacles dégoûtants où, deux heures durant, au son de valses lentes et langoureuses, est enseigné aux spectateurs l'art de faire la noce crapuleuse, de pratiquer le rapt, d'utiliser des fausses clefs, de commettre le cambriolage, de dynamiter un coffre-fort, de réussir un coup par ruse ou hardiesse, d'étrangler son prochain, d'échapper à la police.

Et c'est dans tous les pays, quand les Pouvoirs Publics n'y mettent bon ordre, qu'on offre aux foules des vues dégradantes et d'un désastreux effet pratique.

Qu'on se rappelle le cas de cette jeune fille de Philadelphie, qui, au sortir d'une représentation, se suicida pour imiter la jeune fille abandonnée qu'elle venait de voir sur l'écran !

Qu'on se rappelle aussi l'assassinat d'un agent de police de Pittsburgh par des jeunes gens qui avouèrent avoir agi sous l'influence du drame similaire que la pellicule avait déroulé sous leurs yeux !

Ah ! il n'est pas même besoin d'aller aussi loin et de traverser les mers pour assister à des centaines de cas identiques !

Nous sommes copieusement nantis en notre cher pays de France.

Il n'est pas davantage besoin de remonter aux années écoulées.

Ces derniers mois, ces dernières semaines, combien de projections malsaines ont porté au découragement et aux gestes homicides ! Combien la puissance vulgarisatrice et néfaste des spectacles mauvais a engendré de scènes de pillage, de désordre et de meurtre ! Combien de natures faibles et d'esprits agités se sont laissés entraîner dans le vertige criminel !

Quand on lit les exploits de tant de jeunes vauriens assidus des cinémas et des bouges, les cheveux se dressent sur la tête...

Réagir et protester contre un pareil empoisonnement moral, c'est servir son pays.

Réagissons et protestons.

Comme l'a déclaré le général Lyautey, ministre de la guerre : « A l'arrière chacun peut faire son devoir aussi bien qu'au front. »

Faisons-le.

Il ne nous plaît pas d'assister impassible à l'apothéose des spectacles malsains.

Démobilisé en raison de nos charges de famille, servons dans le civil ; livrons-nous tant par goût personnel que par devoir au bon apostolat laïque.

A cet effet, nous allons vous offrir avec de succincts commentaires à l'appui, quelques exemples tout récents du mal effroyable qui existe, des ravages qui sont opérés dans la mentalité enfantile et du poison que, par le moyen de la cinématographie, on inocule au pays sous couleur ou sous prétexte de liberté du commerce.

Lisez et vous serez tristement édifiés :

Après avoir vu dérouler sur l'écran des exploits

d'apaches, Joseph Lecuny, âgé de 19 ans, menace une actrice de la vitrioler si elle refuse de lui donner de l'argent. « De la braise » ou bien « le vitriol » : au choix !

Sur les bancs de la Cour d'assises de Rennes sont assis 7 garçons et 2 filles. Ayant vu jouer à la guerre, ils l'ont déclarée à la société. Au cours des interrogatoires les jeunes criminels avouent avoir été impressionnés et suggestionnés par la vue des pellicules cinématographiques exaltant des exploits de bandits. Le fluide ! Le fluide hypnotiseur ! Voilà comment la représentation d'aventures sensationnelles surexcite les imaginations et exerce une influence délétère. Voilà où conduisent le dévergondage et la prostitution du cinématographe. Quand le rêve d'incarner Don Quichotte s'évanouit, on veut être Panurge, Cartouche, Garnier ou Bonnot.

A Aix-les-Bains, la villa Cascade, puis la maison Rumpelmeyer sont cambriolées. Les auteurs de ces méfaits sont quatre gamins de douze et treize ans, dont le chef a pour sobriquet « l'homme aux perles ». Perquisitions chez les parents. On découvre les objets volés outre deux révolvers achetés par le capitaine du quatuor à vols. On interroge les jeunes malfaiteurs et on apprend : 1°) que les deux armes à feu ont été vendues à l'un d'eux par un armurier de la ville, ce qui n'est pas précisément à la gloire de ce commerçant ; 2°) que le vol a été appris au cinéma par les affiliés.

A Albi, sont arrêtés neuf jeunes garnements pour s'être signalés par leurs hardis cambriolages.

Ils font partie d'une bande organisée, laquelle, in-
citée par les films policiers, les prend tout simplement comme modèle. Le besoin de copier
l'image qui bouge... l'image qui vole... l'image
qui tue... Oh ! la propre jeunesse qui met une
région en coupe réglée !

A Auxerre, une bande de jeunes malfaiteurs de
14 à 16 ans est écrouée. — Pourquoi avez-vous
dévalisé plusieurs commerçants de la ville ? —
Parce qu'on a appris au cinéma !

A Paris-Plage on appréhende des polissons im-
berbes qui s'exerçaient à cambrioler des villas.
L'enquête révèle qu'ils sont sous le coup d'une représentation cinématographique. Toujours le film
suggestif... Toujours le modèle enjôleur... le
modèle à calquer... Tel de l'alcool pour ivrogne.
N'y a-t-il pas là un véritable péril social ?

A Paris, le sieur Decussy, ouvrier de 19 ans, est
condamné en janvier 1917 par la juridiction correctionnelle de la Seine à 4 mois de prison pour
chantage et tentative d'extorsion de fonds vis-à-vis
des directeurs de plusieurs grands magasins de
Paris. A l'audience il donne cette explication sim-
pliste : « Je déteste le travail, je passe mes après-
midi au cinéma et là m'est née l'idée des actes que
j'ai commis. »— Il n'y a pas à dire : les vues animées ont la manière...

A Paris également, deux individus aux visages
masqués font irruption en plein jour dans le débit
de tabac, 118, rue de Bercy. L'un d'eux braque
son révolver sur la figure de la tenancière qui
s'enfuit pendant que l'autre fait main basse sur

la caisse au contenu de 700 francs. Voilà encore les résultats de la lecture des romans passionnels et de l'assistance aux cinémas policiers.

A la gare de Bellegarde (Ain), en décembre 1916, un enfant de quatorze ans est surpris à voyager sans billet. On l'interroge. On le fouille. Sur lui : deux plans révélateurs d'emplacements de canons et de poudrières. Le petit jeune homme se rend en Suisse dans l'espoir de trouver un Allemand qui lui achètera ses plans. Se trouve-t-on en présence d'un jeune traître à la Patrie ? Nenni. Tout simplement en face d'un pauvre être travaillé par les aventures d'espionnage, d'un gamin dont le cerveau est quelque peu détraqué par la lecture de romans policiers et la fréquentation assidue des cinémas.

Petit poisson deviendra grand...

A Boulogne-sur-Seine sont mis sous les verroux les cinq affiliés de la bande dite « de l'OEil Rouge » dont un a dix-huit ans et quatre ont seize ans. Ils ne vivaient que de vols, avaient commis de nombreuses agressions tant à Paris que dans les environs (Saint-Cloud, Boulogne, etc.) Ils étaient cyniques. Après chaque coup réussi, ces éphèbes laissaient au domicile cambriolé des cartes de visite représentant un œil imprimé en rouge et contenant ces mots : « Salutations des membres de l'œil rouge ». — L'enquête révèle qu'ils ont entendu jouer au cinéma, que leur inspiration spirituelle a été puisée dans les films et romans. De la théorie, ils ont passé à la pratique... Tout simplement !

A Troyes, les inspecteurs de la police mobile arrêtent treize mauvais garnements qui ont pratiqué le vol à l'étalage, se sont livrés la nuit aux pires déprédations, ont terrorisé la ville. Le plus jeune, le benjamin, a 13 ans ; le plus âgé dix-sept ans. Ils ont constitué une association d'opérateurs dite « Bande du cercle rouge » dont les initiés se sont dessinés avec un crayon d'aniline un cercle rouge sur le bras. Cette association de précoces chenapans est dénommée aussi « Bande Z », initiale du nom de Zigomar, le fameux criminel dont ils ont savouré les exploits sur l'écran. Une perquisition opérée à leur lieu de réunion permet de découvrir tout un arsenal d'armes, tout un lot de mouchoirs pour masquer le visage lors des expéditions nocturnes. Ce sont des clients assidus et toujours inlassés du cinématographe !

Le tribunal correctionnel de Troyes condamne le chef de cette bande à trois années d'emprisonnement, administre deux ans de prison à deux de ses acolytes et fait enfermer les autres inculpés dans une maison de correction jusqu'à leur majorité. De son côté, le maire de Troyes, impressionné par tant de hardiesse dangereuse et de mépris de l'ordre public, prend une mesure radicale à laquelle ses administrés applaudissent : il interdit les films reproduisant des agissements de bandits, mesure qui s'impose partout.

Après le cercle rouge, le cercle noir. Aux environs de Perpignan se fait appréhender un adolescent du nom d'Alexandre Maisse, chef d'une

bande de cambrioleurs et de meurtriers, desquels
il recevait serment de fidélité avant de les admettre. Sa bande est écrouée également. Elle se
distinguait de celle de Troyes en ce qu'elle s'ap-
pelait « bande du cercle noir » au lieu de se dé-
nommer « bande du cercle rouge » comme la pré-
cédente, mais elle lui ressemblait en ce sens qu'elle
avait appris elle aussi dans les salles cinématographiques l'esprit du mal, la dextérité en le vol et
l'assassinat.

Avec Robespierre les têtes tombaient ; avec le
cinéma elles tournent !...

A la Rochelle, deux garçons de 15 ans, fidèles
clients du cinéma, se suicident par le poison pour
tenir leur serment de mourir ensemble. Voilà jusqu'à quel point les films détraquent les cerveaux.

Ce n'est pas précisément le cas d'appliquer au
cinématographe malfaisant cette ritournelle à la
mode : « l'amusement des enfants, la tranquillité
des parents ! »

A Chalon-sur-Saône défilent devant la juridiction répressive des jeunes gens qui, à la lumière
de l'enseignement des films excitateurs, ont commis le délit de coups et blessures lors de la bataille rangée en deux camps qu'ils se sont livrée
dans les rues de la ville. Le tribunal les condamne
et, dans les attendus, constate que la responsabilité de ces déplorables incidents doit être attribuée
au cinéma démoralisateur dont les inculpés se
sont inspirés. « Spectacle immoral s'il en fut, dit
le tribunal, quand il donne au public, comme
trop souvent, la représentaton de scènes dont le

vice étalé sous toutes ses formes fait le fond principal, ou quand il déroule à ses yeux, avec un réalisme exclusif de toute note d'art, les sanglantes péripéties des crimes les plus affreux. » Et les magistrats de Chalon-sur-Saône d'ajouter qu'un tel spectacle est dangereux pour les adolescents surtout, qui en sont hypnotisés et qui « leurs mauvais instincts aidant, ont hâte, au sortir du théâtre, de devenir eux-mêmes les tristes héros de drames aussi horribles ».

Appel est interjeté de cette décision. La Cour de Dijon (Chambre des Appels Correctionnels) accorde aux délinquants le bénéfice de la loi de sursis, mais confirme les considérants du jugement, les prenant à son compte, et, partant, s'associant à cette appréciation des premiers juges : le cinéma, école du vice et du crime.

Devant la Cour d'Assises du Jura, à l'audience du 6 mars 1917, deux voleurs comparaissent : Charles-Désiré Martelet, sans domicile fixe, sans profession, originaire du Montoux, canton de Champagnole, et Émile-Antoine Bouveret, également sans domicile fixe et sans profession, originaire du Deschaux, Jura. Selon les images du cinéma, ils ont escompté leurs exploits par escalade et effraction. M. Floquet, du barreau de Lons-le-Saunier, en profite pour s'élever avec force contre les dangers croissants des représentations théâtrales et cinématographiques, dénonce les scandales qu'offrent trop souvent à la jeunesse ces spectacles et déplore les négligences responsables de cet état de choses.

Un maître d'école a raconté dans *le Bulletin
syndical des instituteurs de la Seine* avoir confisqué à un de ses élèves un ordre libellé comme
suit, ordre dont le style, l'orthographe et la ponc-
tuation sont ci-après respectés :

De la détectivale cambrioleur
21. 112-481
Cher cambrioleur,

Tu sera avec moi pour faire cette guerre atroce mal-
grés que j'ai été blessé par un lâche je me sens encore
capable de le tuer. Et si tu m'écoute bien et suivre mes
ordres, je te donnerai le grade de détective.

Exécute par les chefs.

Tu renverra cette lettre à B et B la renverra à B.

Fait par le détective cambrioleur.

Miss Nasther.

Se trouve-t-on en présence d'un fait sérieux ou
d'un simple enfantillage ? Pour trancher la question en connaissance de cause il faudrait être éclairé
et donc questionner le gamin, savoir sa conduite.
Mais même dans l'hypothèse la plus bienveillante
il s'agit d'un enfantillage quelque peu bizarre,
d'une gaminerie couverte de nuages noirs et dangereux qui révèle les ravages opérés dans les cerveaux par les films et romans criminels, qui at-
teste une fois de plus leur influence néfaste.

Un avocat éminent du barreau de Paris qui
s'est acquis un renom aux assises, Me Henri Robert, faisait en 1911 une conférence sur l'enfance
criminelle. Il affirmait que la plupart des jeunes
égarés ont l'esprit dominé par les aventures policières et rêvent d'imiter les bandits dont les exploits leur sont si complaisamment retracés.

Un journaliste a eu l'heureuse idée d'aller interviewer, sur le cinématographe, le juge qui préside depuis 2 ans à Paris le « tribunal pour enfants », M. Rollet. Certes, l'opinion de ce magistrat était intéressante à recueillir étant donné le nombre considérable de gamins de 12 à 17 ans qui défilent à la barre de sa juridiction. Or, M. Rollet a avoué la situation alarmante, a déclaré qu'il était temps qu'on mît un frein à la débauche des films policiers, a émis l'avis que l'accès des spectacles fût interdit aux mineurs et que des représentations spéciales fussent organisées pour la jeunesse.

Un autre journaliste est allé interviewer de son côté, non plus le président Rollet, mais un personnage aussi bien placé que lui pour apprécier les méfaits du cinéma : M. Laurent, Préfet de Police. Ce haut fonctionnaire a avoué sans ambages « l'influence pernicieuse des mauvais films sur les jeunes cerveaux, leur désastreux effet sur les esprits non encore formés. »

Au début de cette année mil neuf cent *dix-sept*, qui est sûrement celle de la victoire et se trouve être en même temps l'année mil neuf cent
deux aimables et non moins spirituelles Grenobloises

Imitant de Marot l'élégant badinage
(BOILEAU.)

et auxquelles nous avions annoncé notre travail sur le cinématographe, ont bien voulu nous écrire avec une bonne grâce malicieuse et narquoise :

« Alors vous avez un film à la patte ? » Ce délicieux calembour était précédé du document suivant dont nous les remercions et qu'il est essentiel de reproduire :

Le corps enseignant de la ville de Berne a fait, en 1912, une attristante enquête sur la fréquentation du cinématographe par la jeunesse scolaire. Cette enquête qui s'est étendue à 95 classes moyennes et supérieures, a donné les résultats suivants. Sur 3.300 enfants, la moitié allait au cinéma par occasion, le tiers souvent et même régulièrement. Un sixième seulement n'y avait jamais mis les pieds.

La statistique sur les spectacles présentés à ces enfants est fort intéressante. Qu'ont donc vu au cinéma ces 2.750 enfants ou jeunes gens ? Des tableaux de géographie 1.656, de technique et d'industrie 1.353, des scènes de rixes 1914, des disputes entre mari et femme 1,286, des ivrognes 1.350, abandons d'enfants 367, enlèvements 1.160, vente d'enfants 163, adultères 1.120, comment des hommes ont été tués 1.224, empoisonnés 625, étranglés 447, noyés 407, torturés 203, brûlés 23, enterrés vivants 8, emmurés 4, brigandages 1.645, vols 1.179, incendies et meurtres 1.171, suicides 765, romans de détectives 1.225. Nous en passons...

Mgr Turinaz, évêque de Nancy, raconte dans sa lettre pastorale du 29 janvier 1913, qu'un jeune homme de 17 ans égorgea une vieille femme de 80 ans et avoua s'être assimilé des exploits d'assassins, ce qui l'avait entraîné à commettre ce crime.

Qu'il s'agisse de feuilletons passionnels, de romans policiers ou de films criminels, le résultat est terrifiant.

La grandeur du pays et l'ordre social sont profondément atteints par les livres dangereux et par les mauvais cinémas, même beaucoup plus par ces derniers, en raison de ce qu'ils frappent davantage l'imagination que les lectures, concentrent plus d'intérêt, revêtent plus de charmes, captivent davantage.

« Dans ces romans, dans ces feuilletons, écrit l'évêque de Nancy, le vice impudent et heureux jette le mépris à la vertu superstitieuse et niaise, déshonorée et vaincue. Le vice et le crime, tous les jours ces écrivains les exaltent, les acclament et les glorifient ; j'allais dire : ils les sanctifient et les divinisent. Ces femmes égoïstes jusqu'à la cruauté, viles jusqu'à l'abjection, impudentes jusqu'au délire ; ces jeunes filles sans affection et sans honneur ; ces mères sans entrailles ; ces épouses qui ont tout trahi, ces hommes qui n'ont rien respecté, ils ont toutes les qualités, toutes les générosités, toutes les gloires, j'allais dire toutes les auréoles. Toujours ces écrivains s'efforcent de dissimuler l'infamie des actions les plus lâches et les plus criminelles sous l'éclat d'actes de valeur ou de dévouement et de déshonorer la vertu en la représentant sous les traits du ridicule, de la perfidie ou de la honte. Aussi les crimes de tous genres, les attentats contre les mœurs, contre la propriété, contre la vie, ne peuvent plus se compter, et combien restent inconnus ! La jeunesse, l'enfance elle-même, sont atteintes par cette effroyable propagande de la corruption et du crime. »

Le mauvais exemple est contagieux. Le roman immoral et le film criminel aux rocamboles policières pervertissent.

Il n'y a pas d'autorité, de législation et d'ordre social possibles sans moralité et sans croyances. La dépravation anéantit les forces vives d'un peuple ; brise les liens sociaux de la paix publique. L'athéisme conduit au débridement des mauvais instincts. La religion par contre est la barrière la plus efficace contre les appétits, le frein le plus puissant contre les passions, le meilleur remède contre le désordre tant matériel que moral.

Supprimez la crainte de Dieu et le respect de ses lois, dit l'Encyclique *Humanum Genus* de Léon XIII, vous aboutirez nécessairement à la révolution universelle et à la ruine de toutes les institutions.

Quand donc nous voyons le cinéma faire chorus avec certaine presse pour dépraver le peuple, exalter le vice, railler la vertu, encenser les convoitises, dresser le mensonge et l'erreur, élever un piédestal aux bas penchants, pervertir les consciences, nous nous rappelons les fameux programmes de déchristianisation et nous comprenons on ne peut plus clairement la lettre de Nubius du 9 août 1838 : « Il nous faut décatholiciser le monde ; mais comment nous y prendre ? Ne faisons plus de martyrs, mais popularisons les vices dans le peuple. Qu'il respire la corruption par les cinq sens ; qu'il la boive et soit saturé ! Faites des cœurs vicieux et vous n'aurez plus de catholiques. »

Nubius a été obéi. Des milliers de chrétiens ont déserté dans l'univers le giron de l'Église.

la presse et la scène ont empoisonné l'esprit des masses, se sont faites les ouvrières de l'immoralité et de l'athéisme. A tel point que nombre d'esprits clairvoyants, pourtant non imbus d'idées chrétiennes, ont appelé l'Église au secours de la société ébranlée dans ses bases !

Mais si Nubius a été obéi, il n'a pas eu la satisfaction d'assister à tous les perfectionnements de la science utilisés pour arriver à déverser l'immoralité dans le peuple. Il n'a pu envisager le cinématographe qui est devenu le plus puissant agent du dévergondage.

Et comme cette invention ne suffit pas aux fidèles lieutenants et successeurs de Nubius, voilà qu'on l'a renforcée journalistiquement. Il existe en effet de nos jours la déplorable mode, tant pour favoriser des spéculations malsaines et malhonnêtes que pour attirer le peuple vers les salles de cinématographie, de faire paraître à la fois, sur le même sujet dramatique, le film et le roman-feuilleton, d'associer ainsi en quelque sorte la cinématographie et le journalisme, d'en faire l'un et l'autre des instruments de divulgations malsaines, des manuels pratiques de cambriolages et d'assassinats. En sorte que le spectacle rouge est encore renforcé de littérature rouge.

Le Journal et *le Matin* font figurer dans leurs colonnes le « Cercle Rouge » comme si, à l'époque grave et douloureuse que nous vivons, époque de ruines et de deuils, des journaux français ne devraient pas être plus circonspects, éviter de servir à leurs lecteurs des insanités aussi démoralisantes ! *Le Journal*, qui se signale depuis plusieurs mois par l'admirable campagne : « Des canons ! des munitions ! » devrait, lui au moins, s'abstenir de déverser l'immoralité dans le public. Avis à son directeur en chef,   Humbert ! Quant au *Matin*, nous ne sommes pas surpris. Il nous suffit, pour le juger, de nous rappeler son procès de ces temps-ci avec M. Pichon, très honorable négociant en fromages à Champagnole, qu'il avait accusé d'envoyer des pièces d'or à l'Allemagne dissimulées dans ses boîtes à fromages : ce qui valut au *Matin* une condamnation méritée à 25 francs d'amende et à 5.000 francs de dommages-intérêts envers le diffamé (jugement correctionnel de Dôle du 11 avril 1916, confirmé par arrêt de la Cour d'appel de Besançon en date du 25 octobre 1916 et par la Chambre criminelle de la Cour de Cassation.)

Un organe qui sème des rumeurs aussi stupides se respecte-t-il ? Considère-t-il ses lecteurs pour des niais ? Comment le prendre au sérieux et croire à ses informations ?

« Le cercle rouge » propagé par la cinématographie et par les deux journaux dont il s'agit a donné naissance à un croquis satyrique, délicieusement expressif, représentant la jeunesse courant à ce spectacle. Et le cercle rouge que représente le susdit croquis n'est autre que la lunette ronde de la guillotine, lunette formée par la réunion de la partie inférieure de l'échafaud avec le couteau tranchant au bas de sa course !

Gustave Téry a protesté contre les procédés du *Journal* et du *Matin* dans les termes suivants :

Il n'y a pas assez de sang répandu comme cela MM. Sapène et Humbert éprouvent le besoin d' « en re-

mettre ». C'est à leur émulation dans le mercantilisme
que nous devons toutes ces images rouges qui ensan-
glantent nos murs et forment par suggestion les ap-
prentis du crime. C'est pour publier le *Cercle sanguino-
lent* et le *Masque aux dents sanguinaires*, c'est pour en
distribuer gratis les premiers feuilletons à un milliard
d'exemplaires que le *Matin* et le *Journal* ont fait venir
ces montagnes de papier qui bouchent nos ports et paralysent les transports ; c'est pour mieux distiller ce poison aux femmes et aux enfants du peuple que les deux
« grands journaux » ont besoin d'exporter chaque jour
cinquante mille francs de notre or et de brûler cent
mille kilos de charbon, — pas un centime, pas un
gramme de moins. Et puisqu'on nous laisse le soin de
poser cette grande question d'hygiène nationale, que les
autorités défaillantes n'osent pas résoudre, il nous
faudra rechercher demain par quelles complaisances ou
quelles complicités les mercantis de la presse peuvent
ainsi poursuivre impunément, en pleine guerre, leur
entreprise de ruine et de mort.

. . . .
. . . .

Savez-vous comment furent confectionnées les cinéma-
tographies policières du *Matin* et du *Journal ?* Ce sont
deux films fabriqués en Amérique ; ils appartiennnent
à ce genre dont la police de New-York, nous dit-on, a
fini par s'émouvoir. Et c'est peut-être à cela que nous
les devons. Toujours est-il que cette marchandise,
comme notre acier, a été achetée aux Américains un
bon prix et naturellement payée en or. Notre ministre
du commerce multiplie les décrets pour interdire l'importation des camions automobiles, qu'on ne fabrique
plus en France, et dont l'industrie ne peut se passer ;
il interdit l'importation des bois et des métaux nécessaires à la constrcution des bateaux, de telle sorte
qu'après la guerre, quand il faudra recommencer la
lutte économique sur tous les marchés du monde, la
France (*seule*) n'aura plus de marine marchande ; mais
il ne se trouve aucun ministre pour interdire l'importation des films sanglants dont le *Journal* et le *Matin*

ont besoin pour informer et former la jeunesse française.

Ce serait peut-être le moment de rappeler que le cinématographe est né chez nous, et que l'une de nos premières industries nationales pourrait être celle du film.
Or, *on fait tout pour la tuer*. Est-il nécessaire d'expliquer à nos professionnels que nous défendons ici leurs
intérêts, en essayant de faire du cinéma ce qu'il doit
être dans les mains françaises, non pas seulement le
plus précieux moyen de vulgarisation, d'éducation et de
propagande, mais un merveilleux instrument d'art ?

Fermons la parenthèse pour revenir à nos films
d'Outre-Mer, introduits chez nous et dûment contrôlés,
estampillés par les autorités responsables, de quelque
nom qu'on les appelle. Comment va-t-on les transformer en feuilletons ?

C'est ici que la « littérature » intervient. M. Sapène
fait venir un auteur dramatique qu'on dit être M. Kistemaekers (si ce n'est pas lui, je ne saurais trop l'en féliciter.) M. Humbert fait venir M. Maurice Leblanc. On
déroule le film devant eux, on leur dit : « Brochez-moi
un roman d'après ça. » Et ils le brochent docilement...

Oh ! oui, je sais combien la vie est dure, pendant la
guerre, pour nos pauvres hommes de lettres : MM. Pierre
Décourcelle, Edmond Haraucourt, Jules Mary, J.-H. Ros-
ny nous l'ont rappelé l'autre jour au *Groupement économique de la presse* avec une émouvante éloquence. Et
j'entends bien aussi que « c'est un métier de faire un
livre, comme de faire une pendule », et qu'il en va de
même, apparemment, pour le feuilleton cinématographique. Mais il me semble que chez nous, jadis, on en-
tendait d'autre sorte le « métier » des lettres et le
« commerce » des muses.

Je n'ignore pas tout le talent de MM. Maurice Leblanc
et Henri Kistemaekers ; mais plus il est grand, plus j'en
déplore un tel abus. Et lorsque je vois les mercantis de
la publicité se dresser contre nous, le verbe aussi haut
que l'estomac, essayant de nous imposer silence ; quand
ces maquignons de patriotisme affichent l'impudente
prétention de défendre contre nous dans leurs feuilles et
jusque dans les conseils du gouvernement les droits de

la littérature et la dignité de la pensée française ; quand ils osent imprimer, proclamer qu'ils ont « une mission à remplir en France et hors de France », et qu'ils la remplissent par ces moyens-là... oh ! qu'on me pardonne de l'avouer tout net comme je le sens : j'en frémis d'indignation et de honte pour mon pays.

— De son côté, Louis Ternac a protesté dans la *Libre Parole* :

Dieu ! que voilà de la bonne et saine littérature... de temps de guerre !

Ainsi, par le journal complété par le cinéma, on va continuer, plus que jamais, à bourrer le crâne des jeunes générations de cette prose de bagne, dans laquelle s'agitent, à qui mieux mieux, les plus abominables gredins — toujours impunis, parce que toujours plus malins que toutes les polices — et des policiers amateurs généralement loufoques.

Nous n'avons donc pas suffisamment de « graines de Bonnot » sur le pavé de Paris pour qu'il y ait tant nécessité — en temps de guerre, je le répète — de gorger les gosses de Populo de ces insanités démoralisantes ? Voilà, cependant, la peu patriotique besogne à laquelle, depuis déjà de longues années, de grands journaux, dits populaires, se sont attelés avec entrain.

Pendant que leurs aînés se font tuer sur le front, les petits Parigots, grâce au cinéma associé au roman, peuvent, désormais, chaque soir, se rendre compte exactement, par la *vision directe et animée*, des plus minces détails d'un cambriolage scientifique à l'américaine, pratiqué par « Gueule-de-Raie », le délicieux héros du feuilleton du jour.

— Quant à Louis Marsolleau, il s'est distingué des autres protestataires en ce qu'il a aimablement adopté la forme poétique et sous le titre « Atrocités murales » s'est plus spécialement attaché à

stigmatiser les réclames abrutissantes et affiches
tapageuses dont les murs sont salis :

Le cercle rouge et le masque aux dents blanches !
Sur tous les murs, on les voit, obsédants,
La main du cercle et le masque des dents !
Que de papier roulant en avalanches !

Masques et dents, mains et cercles ! nos yeux
Sont pleins de dents, de mains, cercles et masques
Nous entourant de rondes bergamasques.
Que de papier ! de papier précieux !

Mais il paraît, — salut et déférence ! —
Que cercle et masque, ainsi que dents et main
Sont pour aider, fleurs du progrès humain,
L'expansion de l'âme de la France.

En attendant, tant de publicité
De trop gros coups nous bourre et nous assomme.
Les dents ? le cercle ? On ne sait plus, en somme,
Qui d'eux est rouge ou blanc. La vérité ?

C'est de Montmartre unique aux deux Montrouges,
Qu'un peuple entier qui d'esprit fut pourvu
Deviendra bête, à force d'avoir vu
Le masque blanc et le cercle aux dents rouges !...

Eh oui ! Le bon peuple est tellement abruti par
la publicité malsaine qu'il est poussé à voir les
spectacles où on l'attire pour son malheur. Et
chaque semaine la police et les juges d'instruction
découvrent des crimes et délits surprenants *par
leur inutilité pratique*. Les brasseurs d'imagination égorgent pour le plaisir de tuer... Ce ne sont
point des bandits professionnels, mais des adolescents — parfois, comme on l'a vu, des mou-
tards... Le progrès !

L'abominable guerre que nous subissons ne suffit-elle pas à faire couler le sang ? N'impose-t-elle pas à suffisamment de bras l'obligation de tuer ? Est-il donc bien nécessaire, pour faire couler un peu plus de liquide rouge, de permettre ces spectacles qui forment une armée de l'arrière composée de malandrins ? A une époque où l'école officielle est désorganisée, sied-il de continuer à permettre l'ouverture à tous les coins de rues d'écoles antinationales de cambriolage ? Convient-il d'ajouter aux gaz asphyxiants des *Boches du dehors* ceux encore plus redoutables *des   de l'Intérieur ?*

Il a été absolument stupide, comme l'a fait le Cinéma Pathé à Champagnole en novembre dernier, de tenir une population haletante pendant plusieurs semaines à la vue des *Mystères de New-York* dont un épisode lui fut servi à chaque séance. *Les mystères de l'avenir de la France* ne devraient-ils pas plutôt préoccuper les Champagnolais et les autres Français ? Le Ciné-Pathé aurait été mieux inspiré d'offrir à la coquette petite ville que nous habitons des choses dignes et d'une réelle valeur nationale, telles que des remises de décorations sur le front devant les drapeaux flottant au vent, le tableau des ravages de l'alcool, la mâle figure du cardinal Mercier tenant tête fièrement aux Allemands, les luttes de nos héroïques soldats contre les Boches plutôt que les luttes de la lie contre la société.

« On nous a crié l'autre jour, s'exclame G. Téry, la main de l'Allemagne est partout. Eh ! cher

Monsieur, n'est-elle pas surtout au cinéma ? Regardez cette « main qui étreint » et cette autre main *cerclée de rouge*. Allez-vous sérieusement essayer de nous faire accroire que ce sont là les mains de la France ? »

C'est un écrivain documenté et de grand talent, M. Urbain Gohier, qui écrit dans cette revue hebdomadaire si combattive et répondant si bien à son courageux tempérament l'*Œuvre Française* par lui fondée en décembre dernier :

N'est-ce pas un scandale que le cinéma mette à la portée des collégiens les ordures d'un Bataille, le plus sale et le plus nauséabond des pourrisseurs ? Oui, guerre aux pornographes allemands ! Mais guerre aux mauvais Français pornographes ! Ils sont plus haïssables et coupables que nos ennemis, puisqu'ils font la besogne ennemie contre les enfants de leur race.

C'est le même écrivain en renom, Urbain Gohier, qui écrit dans un autre fascicule de l'*Œuvre Française* :

On va moraliser l'écran.
Plus de films policiers !
Rien que de la saine littérature !... Les cinémas annoncent *Le Phalène* de M. Henry Bataille.
Antérieurement, « phalène » était féminin. Mais les œuvres et les photographies de l'auteur font comprendre qu'il se trompe de genre.
Tout ce qu'un potache vicieux et délirant peut assembler de rêveries saugrenues, nauséabondes et sales s'étale dans *le Phalène ;* la critique boulevardière, si complaisante aux perversions, inversions, raffinements d'ordure, poussa un cri unanime de dégoût devant cette ordure suprême.
Dans le *New-York-Herald*, Pierre Weber dénonçait la

basse spéculation de l'auteur : plus on crie que son théâtre est louche, malsain, lubrique, pourri, plus les badauds y courent. Mais ils sont punis par l'ennui. Le vice de M. Bataille n'est pas seulement dégoûtant, il est infiniment embêtant. Son style, son vocabulaire, et même son orthographe donnent l'idée d'un palefrenier morphinomane. »

. . . .

Quant à l'histoire édifiante qui va moraliser le cinéma, la voici :

Une jeune fille de la plus haute société — telles qu'un Bataille peut concevoir les jeunes filles et la haute société — doit épouser un prince qu'elle adore et qui l'adore. Elle est sculpteur, écuyère, musicienne, artiste en tous genres. Son mariage approche. Un soir, elle se déshabille en Salomé, les bras nus, la gorge nue ; elle se rend à Bullier pour le Bal des Quat-z-arts ; elle raccroche un inconnu, le premier venu, et l'accompagne chez lui. A quatre heures du matin, elle rentre dans son splendide hôtel. Sa mère et son fiancé l'attendent. Elle envoie sa mère au lit ; elle raconte sa nuit au fiancé. Le Prince lui dit : « Diable ! Je ne peux plus vous épouser. Soyez ma maîtresse. » Elle objecte l'inconnu qu'elle vient de quitter. Le Prince s'excite. Elle répond : « Allons-y ! » et commence à se dévêtir quand la toile tombe.

Deux ans après, le couple voyage en Sicile, avec une charretée de princesses, de duchesses, d'altesses et de rastas ramassés dans les Palaces ; tout ce monde fornique ensemble ; le Prince adjoint à sa compagne une danseuse « yankee et javanaise à la fois, sentant l'iris, la jacinthe, le tabac et le bar des ports de Saïgon ». Scènes de collage.

Dénouement à Paris. Le Prince a lâché la demoiselle de la plus haute société ; mais elle le remplace par une demi-douzaine de rapins et d'écornifleurs qu'elle nourrit somptueusement « dans un décor ultra-moderne, avec en plus un relent greco-byzantin ». Il y a des domestiques nègres, un boy indien, deux modèles montmartrois travestis en esclaves grecques, des musiciens tchèques et des maîtres d'hôtel en habit noir. La grande vie selon M. Bataille. La demoiselle de la plus haute société s'enivre de champagne, de tabac, de propos équivoques ; elle se met toute nue devant sa troupe d'hommes « pour leur laisser un souvenir », et se tue avec une piqûre de cyanure de potassium. Musique endiablée ; entrée de masques. On jette des roses.

Hein ? Ça va régaler les familles au cinéma !

Qu'est-ce que font les agents des mœurs ?

Bien asséné le coup de massue !

M. Urbain Gohier est persévérant. Il ne lâche pas sa proie. Aussi, dans un numéro subséquent de l'*Œuvre Française*, revient-il à la charge et le voit-on écrire ces quelques lignes sévères :

L'absinthe et la luxure.

La justice condamne à 200.000 fr. d'amende et à la fermeture de ses établissements, c'est-à-dire à la ruine, un cafetier qui vendait clandestinement de l'absinthe.

Très bien. Sauvons la race !

Mais la justice et la police tolèrent que les films obscènes de M. Henry Bataille enseignent le vice, la débauche, la prostitution à des enfants, à des adolescents, à des jeunes filles par centaines de mille.

Pourquoi le pourrisseur des cerveaux n'est-il pas châtié comme l'empoisonneur des corps ? Pourquoi pas 200.000 fr. d'amende et la fermeture du lupanar ?

M. Paul Margueritte, publiciste, anticlérical, dénonce à son tour les méfaits des films romanciers dans l'*Intransigeant :*

Quand le cinéma déroule sous les yeux de la foule des mœurs d'apaches, vols, meurtres, supplices, ruses de bandits, roueries de prostituées, scélératesses tragi-comiques, ayons le courage de dire qu'il abaisse le niveau de la mentalité et de la moralité des spectateurs ; reconnaissons en lui un des plus bas corrupteurs du public.

Avant la guerre, les grands journaux d'information faisaient une part déplorable au crime. Le « beau crime » remplissait leurs colonnes. La photographie en vedette était celle de l'assassin. Complaisamment on racontait sa vie, ses goûts, ses aspirations, ses amours ; et une odeur de sang, de luxure et de boue flattait les narines du lecteur. Tout alors pour les financiers véreux, les voleurs de marque, les chevaliers du couteau et du browning ! Seuls, ils étaient les héros du jour. Cette réclame insensée et gratuite était la véritable école, par l'enseignement et l'émulation, des pires infamies humaines.

Alors que la guerre permet d'espérer des mœurs de presse nouvelles, pourquoi faut-il que le cinéma perpétue ces détestables traditions ? Je sais bien : un vague sourire atténue ces laideurs ; on montre le crime amusant et le criminel sympathique ; on réserve, au dénouement, les droits de la morale et l'on dresse, vengeresse, la silhouette du gendarme. Mais l'effet produit subsiste. Une autosuggestion malsaine, de troubles hantises s'exhalent de ces images dont aucun commentaire parlé ne rachète la cruauté sinistre et qui se déroulent dans l'atmosphère de silence oppressé qui est celle des cauchemars.

Dans ce beau livre qu'il faut lire : « La Race a parlé », M. Urbain Gohier explique à la page 86 que le peuple souverain, en France, est un pauvre souverain aveugle et sourd qui exerce sa souveraineté dans les ténèbres, à la différence du peuple souverain, aux États-Unis, qui regarde comme le fondement de sa souveraineté populaire la connaissance complète des faits saillants. Or, comme le public français ne sait rien et ne peut rien savoir, l'auteur propose une méthode d'induction qui lui a réussi.

Fidèle spectateur du cinéma, écrit-il à la page 87, quand j'ai vu les premiers films des *Mystères de New-*

York, je me suis naturellement demandé qui était l'homme au masque rouge, le chef de la *Main-qui-étreint*. J'ai pensé que le plus grand effet mélodramatique serait atteint si ce personnage mystérieux était en même temps le défenseur apparent de l'ordre public et de l'innocence persécutée : l'avocat Perry Bennett, fiancé de la touchante Elaine. Or, douze ou quinze semaines plus tard, l'homme au masque fut démasqué : c'était bien Perry Bennett.

Tous les amateurs de romans d'aventures et de romans policiers, qui ont en même temps quelque expérience, savent que la vie réelle dépasse les feuilletons les plus effarants.

Donc quand vous demandez qui sont les personnages mystérieux dont la protection couvre si efficacement les traîtres, les espions, les métèques véreux, les naturalisés suspects... rappelez-vous Perry Bennett.

Compris ?

Chut !

Et quand MM. Henri Joly, de l'Institut, René Bazin, de l'Académie Française, Franc, de la *Croix* et autres maîtres se plaignent de la démoralisation par l'écran cinématographique, savez-vous ce que riposte le journal *le Cinéma ?* — Que « le cinématographe n'a pas à moraliser parce qu'il viderait les salles. » Voilà l'injure envoyée au peuple français !

Si vraiment un spectacle moralisateur faisait *salle vide* et s'il fallait nécessairement une représentation criminelle ou ordurière pour faire *salle comble*, nous serions une société pourrie, prête à agoniser. Dieu merci, malgré nos fautes nationales, nous n'en sommes pas là ! Et la résistance héroïque de nos soldats contre l'envahisseur montre assez que nous sommes un peuple ayant du sang, du ressort et donc ne voulant pas périr. On aura beau nous objecter que les peuples ont les gouvernements et les spectacles qu'ils méritent, nous persistons à penser que la nation française mérite mieux qu'elle a.

Nous repoussons donc avec dégoût la réponse du journal *le Cinéma*. Nous n'admettrons jamais que le spectacle des films soit avant tout subordonné au gain, au lucre ; ou qu'on sacrifie la moralité publique à la question d'argent. Périsse le pays, pourvu que ça rapporte ! Non ! c'est là une morale on ne peut plus immorale ! C'est là une maxime infâme !

Aussi nous écrions-nous de toute l'ardeur de notre âme :

Sus au cinéma, école du vice et du crime !

Sus aux malfaiteurs qui l'exploitent !

Arrière les empoisonneurs publics !

Les cornes aux mercantis !

Honte aux bourreurs de crânes !

— Que si on nous objectait à la décharge des entrepreneurs de spectacles délictueux et criminels que, dans leur clientèle fidèle, se trouvent nombre de gens sans aveu qui ne sauraient se contenter de représentations morales et instructives, que c'est diplomatie de satisfaire une telle clientèle assoiffée d'aventures, soit épicées, soit pornographiques, nous répondrions ne pas comprendre et n'admettre pas davantage que, pour plaire à cette vermine sociale, on sacrifie les éléments sains, c'est-à-dire les spectateurs honnêtes qui doivent être respectés et constituent la majorité.

Cette objection éventuelle nous amène à parler de l'incident déplorable qui a eu lieu à Paris, en février 1917, dans un cinéma bien connu.

On y déroulait des films sur le Maroc. C'était à

la fois moral, agréable et instructif. Au fond de
la salle ne tardèrent pas à s'élever des protes-
tations. Puis on entendit des cris, des injures. Un
certain nombre de spectateurs, dont le degré de
respectabilité se devine aisément, exigèrent que
l'administration de l'établissement cessât la représentation des vues marocaines et substituât des
aventures policières. Ce désordre occasionné par
une fraction de la lie appartenant à la population
parisienne ne saurait être imputé au peuple de
Paris. Il y a toujours des énergumènes dans les
salles de spectacles comme dans les émeutes de la
rue. Jadis, nous avons vu de très près ce monde
à l'œuvre, dans la ville de Lyon, lors de l'assassinat du Président Carnot. C'était à qui pillait,
brisait et incendiait le plus. Sacripans terroriseurs
dont le vandalisme nous a laissé un assez triste
souvenir. S'il avait alors été en notre pouvoir de
les faire fusiller, nous n'aurions pas hésité un
instant. Nous ne pouvions hélas ! que nous borner
à regarder des escadrons de cuirassiers les cerner
et les lier avec des cordes à fourrages. Tout ca-
valier désarçonné était piétiné et érinté par les
rois de la rue.

Bref, de ce que des voyous très parisiens ont
sifflé au cinéma Gaumont, fait du bruit et mon-
tré la vilenie de leurs âmes, nul ne saurait faire
état de cette démonstration intempestive pour in-
criminer le goût des spectateurs en général et
dauber la population de la Capitale, pas plus que
pour absoudre les directeurs de cinémas démoralisateurs.

Les énergumènes ou chevaliers du désordre re-
présentent l'écume du peuple. Ils ne sont pas le

peuple. Pas plus que le gouvernement n'est la France. Pas plus que l'anticléricalisme n'est la religion du pays.

Telle est la première déduction que nous tirons.

Donc, qu'il existe de tristes individus pour réclamer impérativement des films grossiers, c'est un fait. Qu'il existe des entrepreneurs de cinémas pour donner satisfaction à des goûts dépravés, c'est un autre fait.

Nous n'en tirons d'autre et nouvelle déduction que celle de souhaiter une

A celui qui rétablira la liberté de la presse, Urbain Gohier promet ses œuvres reliées en peau de censeur...

Cette question d'ordre à restaurer en France nous remet en mémoire un petit ouvrage, chef-d'œuvre d'ironie et d'observation, dû à l'excellente plume de M. de Jouvenel et qui parut avant la guerre. Il était intitulé *La République des Camarades* et concluait finement :

De toutes les doctrines d'altruisme, notre époque a réalisé la seule qui fût vraiment pratique : la camaraderie. Il est magnifique et absurde de faire reposer une société sur l'amour ; contentons-nous de la faire reposer sur la cordialité.

Aimez-vous les uns les autres, c'était une formule divine. La formule humaine est plus simple : passe-moi la rhubarbe, je te passerai le séné.

CHAPITRE V

Le Cinéma et le bref laïque de l'absolution de ses méfaits.

La condamnation portée par nous dans le chapitre précédent n'est pas du cinématographe en général (le titre du livre l'indique au surplus clairement), mais du cinéma mauvais seulement, car cet instrument scientifique est, comme le théâtre et la presse, une arme à deux tranchants pouvant servir pour le mal comme pour le bien. Par le fait qu'il est la reproduction d'actes humains, tantôt réels, tantôt imaginaires, on peut avoir un cinéma bienfaisant comme un cinéma malfaisant.

En marge de notre thèse de flétrissure du spectacle tantôt criminel, tantôt délictueux, tantôt pornographique, thèse qui reflète l'intime pensée de tout patriote éclairé, soucieux de l'avenir du pays, prend place la thèse d'absolution du cinématographe criminel ou policier.

Cette dernière est toute fraîche éclose. Elle consiste notamment en une protestation à la fois adroite et persifleuse contre les plaintes dont les vues animées sont l'objet, contre les commentaires désobligeants et alarmants auxquels donne lieu l'écran sous la plume de quelques écrivains.

On la trouve exposée dans *la Presse* (numéro du 16 janvier 1917) par un publiciste de talent : M. Guy de Téramond.

Un ami de Paris a eu l'amabilité de nous l'adresser, sans quoi nous l'ignorerions. Nous l'en remercions chaudement. Nous sommes heureux de cette communication intéressante grâce à laquelle nous sommes à même d'offrir aux lecteurs de cette étude la contre-partie de nos conceptions, ce qui est incontestablement la meilleure méthode pour leur permettre de se faire une opinion raisonnée sur le sujet que nous traitons.

Ils assisteront donc à la contradiction.

En même temps, ils verront l'accueil réfrigérant que nous faisons à la thèse adverse, liront avec intérêt notre mise au point et pèseront notre riposte qui, sans se départir de la courtoisie, sera parfois agrémentée de quelques coups de boutoir...

Avant que d'examiner et serrer de très près la doctrine qui, tout en se gardant d'un prêche en faveur des spectacles cinématographiques policiers, de mauvais goût ou dépravés, les absout comme inoffensifs et va jusqu'à proclamer leur moralité, nous procéderons par ordre. Il ne sied pas en effet de mettre la charrue avant les bœufs. Citons donc d'abord et surtout citons intégralement pour que chacun puisse se rendre clairement compte que nous ne fuyons aucun point du débat.

Le cinéma passe un mauvais quart d'heure. Son succès a été trop rapide pour qu'on ne le lui fasse point payer. En ce moment, c'est le pelé, le galeux d'où vient tout le mal. Il a une mauvaise presse : c'est tout dire.

Rien n'est plus simple, quant au reste, ni plus facile que de l'accuser d'être la cause originelle d'un péril social dénoncé depuis si longtemps par d'impénitents psychologues. Jusqu'à présent, nous croyions, assez naïvement que le motif principal de la criminalité chez les enfants, c'était l'absence dans leur éducation de théories morales qui, en leur inculquant des principes d'honnêteté et de devoir, les eussent préservés de s'engager dans la mauvaise voie.

Il paraît que nous nous trompions. Les causes sont d'ordre beaucoup moins élevé. Les doctes pédagogues qui s'étaient occupés de ces graves questions s'étaient fourré le doigt dans l'œil jusqu'au coude.

Ce sont les aventures de Zigomar ou de Fantômas qui, en passant sur l'écran, poussent les enfants au vol, au cambriolage, à l'assassinat et leur font gravir, degré par degré, les étapes successives de la prison, du bagne et de l'échafaud.

Voilà l'œuvre du cinéma.

J'ai regret de ne point partager de semblables théories et je commence par dire que les préfets qui s'imaginent combattre, dans leur département, le développement des crimes par la fermeture des établissements cinématographiques me paraissent d'une naïveté égale à celle de notre préfet de police qui, lorsqu'on lui annonce que des bandes d'apaches terrorisent les environs de Paris, se borne à nous répondre, avec un haussement d'épaules à la Fouché :

— Mais, messieurs, c'est impossible. Vous savez bien qu'il n'y a point d'insécurité en banlieue !

Est-ce à dire que tout soit parfait dans le cinéma ? Evidemment non. Rien ne l'est en ce bas monde !

Sans doute eût-il été souhaitable qu'un instrument de diffusion aussi merveilleux eût servi plus efficacement à l'instruction et à l'éducation des foules.

Seulement, je ne vois pas bien comment on instruirait et on éduquerait ceux qui ne veulent pas l'être. Le Cinéma éducateur ? Le Cinéma moralisateur ? Ce sont là de bien jolis mots ! Organisons-en des représentations. Il n'y aura personne dans la salle. On n'impose point au public ce dont il ne veut pas.

Que ce soit regrettable, je ne dis pas non. Je le déplore, on n'en doute point. Mais c'est ainsi. Le théâtre pour la jeunesse, les représentations pour jeunes filles n'ont jamais réussi. Ils n'ont jamais eu qu'un succès fort relatif et le plus grand désir des unes et de l'autre, c'était de n'y être pas conduits.

Et de là, j'en arrive tout naturellement à poser cette question : le cinéma est-il fait pour les enfants ?

Car, enfin, voilà une salle qui s'ouvre en annonçant sur ses affiches des films assurés de faire recette, comme le *Cercle aux dents blanches* ou le *Masque aux mains rouges*, et toute l'objection que l'on trouve à faire à l'impresario c'est que ce ne sont point là des spectacles pour la jeunesse ?

Eh bien ! alors, n'y conduisez pas les enfants !

A qui l'idée viendrait-elle, pour peu que l'on ait le souci de la pudeur et de la vertu de ses filles, de les mener aux revues décolletées des Variétés ou aux vaudevilles grivois du Palais-Royal ? Et qui est-ce qui est le plus logique de demander la fermeture du Vaudeville et du Palais-Royal ou de garder ses filles chez soi ?

Pourquoi poser, comme premier principe, que les cinémas sont des établissements où les enfants ne doivent pouvoir aller ? On leur reproche d'inciter ceux-ci à voler, à assassiner, à se moquer de la police, à se former en bandes pour molester leurs concitoyens, en rivalisant d'imagination et d'ingéniosité, et tout ce qu'on trouve pour lutter contre cet empoisonnement, contre cette intoxication du crime, ce n'est pas d'interdire le cinéma aux enfants, mais de fermer les cinémas parce que les enfants y vont !

Singulière idée non plus de la morale mais de la liberté individuelle : ce serait un peu comme si pour empêcher qu'on ne voie dans la rue des gamins la cigarette au bec, la Ligue contre l'abus du tabac voulait exiger que l'on interdît en France de fumer.

Si le cinéma corrompt la jeunesse, menez-la aux spectacles classiques du Théâtre-Français ou de l'Odéon où bien certainement le Corneille et le Racine qu'on y joue élèvera plus son esprit que Judex ou Arsène Lupin. Si même vous tenez absolument, pour toutes sortes de raisons, à la conduire dans un établissement cinématographique, il y a pour eux *Christus*, ce merveilleux film qui l'enveloppera d'une atmosphère religieuse et fera passer sur elle un petit frisson de mystère divin.

Quant à moi, je maintiendrai toujours que je ne crois point les films policiers coupables de tous les méfaits dont on les charge. Car, en somme, qu'apprennent-ils aux jeunes voyous qu'ils ne sachent déjà ?

J'irai même plus loin. Dans ces sortes de films, est-ce que nous ne voyons pas la police avoir toujours le dessus, montrant ainsi aux amateurs qui brûlent de suivre les traces des plus hardis malfaiteurs que la Justice, quelles que soient leur habileté et leur adresse protéiforme, finit invariablement par triompher ?

C'est cela qui est immoral ?

Je sais bien que, rien n'étant pour le mieux dans le meilleur des mondes, le cinéma a beaucoup de progrès à faire au point de vue intellectuel et que les aventures de Max et les exploits de Rigadin sont loin d'être le critérium de l'esprit français !

Que les romanciers et les poètes qui vitupèrent tant contre les clients du cinéma, qui évidemment ne sont point leurs lecteurs, travaillent un peu pour lui, qu'ils nous délivrent des scénarios pitoyables qui constituent la majeure partie de son fonds, qu'ils lui donnent cette belle note d'art dont il manque trop souvent et que du cinéma inventé par nous et, comme toujours, exploité par les autres, ils fassent, dans le monde, quelque chose qui portera partout la marque de notre bon goût, de notre esprit et de notre originalité.

Empêchons d'abord le flot de la prostitution de grandir de jour en jour, menaçant bientôt de gangrener tout le pays, arrêtons les méfaits de l'alcoolisme qui abâtardit lentement notre race, voilà des tâches nécessaires et urgentes dont il importe de s'inquiéter sans retard.

Ensuite, si vous voulez bien, nous nous occuperons

de supprimer dans les cinémas les films policiers, d'un goût plus ou moins sûr, et de les remplacer par des films vulgarisateurs, moralisateurs et éducateurs.

Sans doute, il serait préférable que cela fût ainsi dès aujourd'hui.

Mais si on supprimait le crime du cinéma, le supprimerait-on pour cela de la rue ? Je n'ai pas la naïveté de le croire et j'ai bien peur que rien ne serait changé à ce qui est.

Chaque chose a son temps, chaque chose a son importance.

Mais, en attendant, on me permettra de trouver ridicule d'imaginer que si la France a failli sombrer, si, dans l'Histoire, elle a paru avoir un moment de défaillance si glorieusement racheté, c'est Gaboriau et Ponson du Terrail qui en sont responsables.

Relisons donc plutôt, un peu, la jolie fable de la Fontaine : *Les Animaux malades de la peste !*

GUY DE TÉRAMOND.

Préalablement à la discussion de la thèse qui précède, — discussion à laquelle il sera procédé par étapes — nous avisons le lecteur que, sous la forme d'un assaut contre son auteur, nous allons mener en réalité une attaque contre l'idée que celui-ci personnifie. Si donc, apparemment, nous prenons l'homme corps à corps et l'étreignons vigoureusement, au fond et en réalité, c'est sa doctrine que nous sapons et étouffons, ainsi que toutes fausses conceptions sur ce sujet. Qu'en conséquence, derrière la lutte *fictive* d'homme à homme, le lecteur voit la lutte *réelle :* celle d'idée à idée. C'est la seule chose qui importe, la personnalité de M. Guy de Téramond nous laissant fort indifférent et celle-ci ne devant être prise à partie que considérée comme représentative de l'idée.

Cette remarque préalable est essentielle.

Que ce soit dès lors bien entendu, bien compris: frapper sur l'auteur, c'est frapper sur sa thèse comme sur toute thèse identique. Notre réfutation ne peut qu'y gagner beaucoup.

Au travail donc !

Les spectacles pornographiques et les représentations révélatrices de banditisme, nous les aimons à la façon dont le loup, couché dans le lit de mère-grand, aimait le petit chaperon rouge...

Aussi ne leur ménageons-nous pas nos critiques et... nos dents.

Nous avons pour les cinémas orduriers et les cinémas policiers la même répulsion que pour le tango dont l'exécution n'est parfaite que si une carte de visite, insérée entre les deux danseurs, ne peut tomber à terre avant la fin de l'immorale série de mouvements collants...

Les scénarios où se déroulent des aventures criminelles ou policières, nous les disons dangereux, contrairement à la thèse citée.

Et voici le principe sur lequel nous basons cette affirmation.

Sans être le moins du monde un « évolutionniste », nous croyons, avec l'humanité pensante de tous les temps, que l'homme est singe (nous ne disons pas : un singe) et qu'il a une tendance à reproduire ce qu'il voit. Les anciens le remarquaient : *exempla trahunt*, l'entraînement de l'exemple. C'est aussi fatal que l'effet du rayon oblique de lumière sur un miroir-plan : l'angle d'incidence égale l'angle de réflexion.

Poussons plus avant : l'esprit est prompt, la

chair est faible, dit l'Évangile des Rameaux. Ajoutons : la pauvre nature humaine, depuis le péché originel, est plus portée à suivre le mal que le bien. Donc...

Allons encore plus loin : depuis qu'on a éteint les lumières du ciel, l'homme n'a plus qu'une vie terre à terre. Son idéal est de jouir de la vie le plus vite et le plus complètement possible. Rien d'étonnant à ce qu'on aille demander au cinéma policier les moyens d'atteindre vite et bien cet idéal (! ?) ; d'autant plus que la vanité et la présomption, apanages de la jeunesse, la pousseront à espérer n'être pas pincée là où d'autres se sont laissés prendre...

Enfin, nous sommes amenés à la thèse générale de la science et de la morale. Prétendre que la science est moralisatrice, c'est une erreur ; la science invente le browning, le canon, l'avion, le sous-marin, mais ne dit pas les cas où il est légitime de les employer. La nation que Jaurès et compagnie nous proposaient comme un modèle de nation scientifique est une preuve évidente que la science n'est pas la morale. Comme moralisatrice, la science a fait faillite. Il y a des années que Brunetière et Henri Poincaré l'ont dit et l'ignoble guerre que nous subissons en est la plus lumineuse démonstration.

M. Guy de Téramond, lui, ne partage point l'opinion des esprits clairvoyants et des Français alarmés qui dénoncent les résultats néfastes des représentations révélatrices d'actes délictueux ou criminels. Il commence par avouer que ces scénarios ont une mauvaise presse. C'est un fait. Devant ce fait, il s'incline avec mauvaise grâce. Il le trouve immérité et s'efforce de réagir.

Quant aux préfets qui, dans leurs départements, s'imaginent contrecarrer le mal (ou pseudo-mal à son avis) par la fermeture des établissements, ils lui paraissent d'une naïveté égale à celle du Préfet de Police qui, lorsqu'on l'avise de la terreur répandue dans les environs de Paris par les apaches et de leurs exploits, se borne à répondre en haussant les épaules : « C'est impossible. Il n'y a point d'insécurité en banlieue ! »

M. Guy de Téramond, on le voit, est un pince-sans-rire...

Nous ne saurions nier l'habileté de sa plaidoirie.

Écrivain excellent, ayant déjà beaucoup publié, il n'est pas de ceux nombreux qui alignent des phrases nébuleuses ou incompréhensibles ; pas non plus de ceux qui possèdent au suprême degré l'art d'écrire pour ne rien exprimer, qui assemblent des mots au petit bonheur sans les relier par des idées : tapisserie sans canevas. Non ! M. Guy de Téramond possède la concision, la précision, ennemi qu'il est de la phraséologie embrouillée. Que n'en peut-on dire autant des politiciens ? De plus, il apporte à la défense de sa thèse une convicton ardente et un réel talent. Il présente sa doctrine sous un jour si habile que plus d'un, qui aura entendu sa seule cloche, sera convaincu que le cinéma policier n'est pas du tout, comme le prétendent les moralistes, un instrument pernicieux.

Théorie erronée. Théorie dangereuse.

Nous estimons de notre devoir de la combattre et de la démolir.

Nous ne faillirons pas à cette tâche salutaire à laquelle un patriotisme bien entendu nous convie, car tous faux points de vue répandus dans les foules intoxiquent celles-ci, créent un déplorable mouvement d'opinion, une atmosphère insalubre et donc paralysent les hommes de bien qui luttent contre les fausses doctrines.

Cet écrivain malicieux qui raille si aimablement M. Laurent, Préfet de Police, ne fait pas autrement que le haut fonctionnaire dont il se moque avec verve et esprit. Alors que M. Laurent, d'après ses dires, nie les exploits d'apaches dans la banlieue parisienne, contre toute évidence, — lui, Guy de Téramond, nie de son côté les méfaits de la cinématographie, également contre toute évidence. Il est atteint de cette cécité qu'il reproche au Préfet de Police...

Refuser d'admettre que, dans ces arènes publiques du cinématographe, le peuple voit exalter toutes les débauches, c'est mettre en doute les plus patents faits. *Est, est.*

Sa bonne foi n'étant cependant point discutable, nous ne désespérons pas de le convaincre et de le gagner à nos vues malgré son affirmation « Je maintiendrai toujours. » Que nos critiques lui soient douces et dessillent ses yeux ! Qu'il sache montrer avoir trop d'esprit pour se formaliser !

Nous le prions de lire le chapitre qui précède et, s'il ne lui suffit pas, malgré qu'il soit solidement étayé et puissamment documenté, de se livrer comme nous l'avons fait à des recherches, de poursuivre toutes investigations aux fins d'arriver à voir dans le cinéma actuel l'apprentissage et le perfectionnement du vice, notamment de bien vouloir regarder les comptes-rendus de certaines audiences correctionnelles, certains rapports de commissaires de police, de consulter l'opinion autorisée du Président Rollet et de tant d'autres auxquels leurs fonctions permettent de sentir le mal effroyable engendré par le cinématographe, la déliquescence morbide qu'il exhale.

Bien vite, il se convaincra que, malgré l'habileté de la présentation et la perfection de la forme, sa thèse est insoutenable.

La conclusion est aussi facile à tirer qu'un simple ruban de caoutchouc.

Que si, contre toute attente, il persistait dans ses conceptions étranges, malgré les faits qui parlent clairement, malgré les événements récents qui attestent le danger réel des films policiers, qui démontrent que le poison est inoculé goutte à goutte dans les veines du peuple, nous lui dirions alors, sans circuit de paroles équivoques ou embarrassées :

Nous prendriez-vous, les protestataires contre le cinéma empoisonneur, pour de simples jobards, pour des niais se laissant duper ou mystifier ?

Vous ne voudriez pourtant pas faire accroire que les films excitateurs et révélateurs n'ont d'autre résultante mécanique que d'inviter la jeunesse à chiper des sucres d'orge et à épouvanter les chats du quartier ? !

Vous ne croyez pas aux méfaits du cinéma, mais vous admirez la candeur naïve des préfets qui s'en impressionnent et réagissent. Laissez-nous admirer la vôtre /...

Ah ! M. Guy de Téramond, comme vous êtes succulent quand, refusant énergiquement de croire à l'influence démoralisante et perverse du cinématographe passionnel, vous nous déclarez ingénument qu'il n'apprend rien aux jeunes voyous qu'ils ne sachent déjà !

Permettez-nous le sourire...

Picrocole, le comique personnage de Gargantua, s'évanouirait d'hilarité.

Nous estimons, nous, que les mauvais garnements le fréquentant ne pourront que devenir plus retors et être mis en appétit. L'habileté est perfectible, les mauvais instincts susceptibles de développement. Ce n'est pas là une allégation que nous émettons gratuitement, c'est-à-dire une opinion sans base, sans portée, sans valeur, comme celle émise dans la doctrine adverse. Car, hélas, les exploits narrés dans les pages qui précèdent montrent assez clairement le bien-fondé de notre affirmation.

Au surplus, il ne faut pas voir les choses sous un seul angle. Il n'y a pas, comme spectateurs dans les salles de cinématographie, que de jeunes voyous déjà initiés aux roueries, finesses et subtilités dans l'art du pillage, du vol et des autres délits. Même si ces précoces polissons n'avaient plus rien à apprendre, ce qui serait déjà bien extraordinaire, il y a l'autre jeunesse qui fréquente les établissements de vues animées, celle non encore contaminée, celle composée d'âmes innocentes, pures, candides. N'apprendra-t-elle rien ?

Qui serait assez hardi d'affirmer que les ceri-
siers en fleurs seront encore blancs demain et les
lys inflétris ?

Et puis il y a aussi, parmi les spectateurs, les
grandes personnes. Au nombre de celles-ci, beaucoup qui n'ont pas assez de volonté pour réagir
contre le mauvais enseignement développé sous
leurs yeux, beaucoup dont les cerveaux sont
faibles et donc susceptibles d'être dangereusement
impressionnés.

Assurément, comme règle générale, le péril est
plus grand pour l'enfance, celle-ci étant en voie
de formation physique, intellectuelle et morale.
C'est pourquoi, sans pour autant admettre les méfaits du cinéma, vous appliquez cette riposte : Si
le spectacle est mauvais, qu'on n'y conduise pas
les enfants ! Qu'on les mène aux représentations
classiques de Corneille ou de Racine ! Que même
on leur fasse voir *Christus*, ce film merveilleux
qui les enveloppera d'une athmosphère religieuse
et fera passer sur eux **un petit frisson de mystère
divin** !

Vous êtes captivant...

Et vous excuserez notre hardiesse de vous interrompre sur le si poétique chemin du lyrisme...

Mais, si fort soyez-vous à soutenir votre doctrine et à manier la plume, vous ne nous semblez
pas un bien profond phsychologue...

« N'y pas mener les enfants ». Cette mesure de
prophylaxie morale se signale par la pauvreté et
l'inefficacité. Il y a un immense incendie à
éteindre. A cette besogne, il faut des pompiers

munis de pompes puissantes et d'extincteurs, non pas de carafes d'eau...

Cela se laisse écrire que, si tel spectacle corrompt la jeunesse, il faut la conduire à tel autre qui n'offrira pas cet écueil. Mais *la première fois* qu'on va au cinéma, l'affiche ne prévient pas que le spectacle n'est point destiné aux enfants, ne prévient pas davantage qu'il est dangereux même pour beaucoup de grandes personnes et donc que peuvent seulement y assister celles qui n'ont plus de vices à apprendre... Comment empêcher jeunesse et âge mur honnêtes d'assister à cette *première* représentation ? Faudra-t-il chaque fois que quelques braves gens se sacrifient pour aller voir ?

D'autre part, comment opter pour le bon cinéma et fuir celui dangereux ? En province, il n'y a pas toujours le bon spectacle pour faire pendant au mauvais et offrir le contraste.

De plus, les parents ne sont pas toujours éclairés, pas toujours clairvoyants, pas toujours judicieux, pas toujours bons éducateurs ni gens de devoir. De leur côté, les enfants courent trop souvent les rues, fréquentent trop souvent les mauvaises compagnies, sont trop souvent abandonnés à eux-mêmes. Alors comment, pratiquement, empêcher une certaine jeunesse d'assister à des spectacles excitateurs ? Comment ?

Il y a, selon nous, deux moyens : empêcher les mineurs d'entrer dans les établissements vulgarisateurs du vice, ou bien fermer ces maisons purement et simplement, ce qui préservera les grandes personnes par surcroît. *Sublata causa, tol-*

litur effectus. Supprimez la cause, l'effet est annulé.

Or, ces deux remèdes, vous les désapprouvez nettement comme attentatoires à la liberté individuelle.

Mais la prison aussi porte atteinte au pouvoir d'agir ! C'est une contrainte physique. L'abolirez-vous ? Permettrez-vous aux pickpokets et aux étrangleurs de continuer tranquillement leur industrie ?

Assurément, il faut respecter le plus possible la liberté individuelle, mais il y a des limites qui la doivent tempérer dans l'intérêt social. C'est si élémentaire que nous sommes tout marri d'être contraint de rappeler à ce principe d'ordre public et de bon sens.

Il existe même un troisième moyen : c'est d'interdire aux entrepreneurs de cinémas les vues contraires à l'hygiène cérébrale, nuisibles à la moralité publique.

En toute chose, il faut considérer la fin.

(BOILEAU.)

A ce troisième moyen prohibitif, que nous objecte-t-on ?

Qu'arrêter les ravages de l'alcool et le flot de la prostitution serait plus opportun, plus urgent que s'occuper de films d'un goût plus ou moins sûr qui sont loin d'être le critérium de l'esprit français et ne sauraient être parfaits.

Réponse : On peut mener le tout de front et faire aboutir à la fois tant les réformes concernant la santé physique de la race que celles relatives à sa santé morale. Il ne sied pas de se confiner exclusivement dans les premières ou de renvoyer aux calendes grecques les secondes qui ne sont pas moins impérieuses.

Nous sommes ainsi naturellement amenés à évoquer le cinéma éducateur et le cinéma moralisateur. Sur ce double sujet, notre doctrinaire ricane. Des mots, dit-il, de jolis mots ! Le public, d'après lui, n'a que faire de spectacles éducateurs et moralisateurs. On ne saurait lui imposer ce dont il ne veut pas, sinon les spectateurs brilleront par leur absence. C'est regrettable, pense-t-il en homme probe. Je le déplore. Mais, c'est ainsi.

Nous avons déjà trouvé cet argument dans le journal *le Cinéma*, argument injurieux pour le peuple ainsi que nous l'avons démontré, argument que même nous avons vertement relevé. Inutile de nous répéter. Il suffira aux lecteurs de se reporter à la fin du chapitre précédent où ils trouveront notre réplique indignée.

Corneille est-il moins beau et moins goûté parce que ses œuvres sont une école de *grandeur d'âme ?*

Mais voilà ! Il est plus difficile d'élever les âmes que de les dégrader. Pour édifier un palais, il faut être architecte. Pour le démolir, il suffit d'être goujat. Exemple : la cathédrale de Reims.

Voilà que maintenant M. Guy de Téramond ne se contente plus de dénier les méfaits du cinématographe, ni d'insulter au bon goût du peuple, il va jusqu'à proclamer *la moralité* de ces spectacles que tout esprit droit flétrit. La preuve, à ses yeux non dessillés, qu'ils ne sont point immoraux, c'est que la police a toujours le triomphe final !

Ah ! le bon billet !

Étrange preuve vraiment celle qui ne prouve rien du tout...

Est-ce bien exact que l'autorité finit chaque fois par l'emporter ? Même en cette hypothèse, l'étalage du vice puni n'est pas exempt d'être pernicieux. Du moment où l'écran révèle des trucs pour escalader et crocheter, apprend comment on vole et comment on assassine avec habileté, enseigne des moyens adroits pour dépister les inspecteurs de la Sûreté, incite aux actions malhonnêtes, ce n'est pas le triomphe final de la police qui effacera la mauvaise leçon reçue, soit par les cerveaux jeunes, soit par les cerveaux formés, mais faibles.

Que ne le comprend-il !

Il est des choses qui s'imposent avec une telle évidence ou qui crèvent tellement les yeux que c'est inouï de les voir dénier.

Franchement, comment trouver moraux des spectacles où les voleurs sont plus dignes d'attention que leurs dupes, où la lie sociale est mieux trempée que les honnêtes gens, où les assassins sont plus intéressants que leurs victimes ?

Mais c'est de la doctrine sophistique, cela !

Que diraient Rousseau et Lamartine qui trouvaient La Fontaine immoral parce que le vice (surtout sous les traits du renard) est présenté avec agrément ?

— Voici venir un nouvel argument de la thèse adverse :

Supprimer les délits et les crimes de l'écran cinématographique, ce n'est pas pour autant supprimer ceux de la rue. Rien ne sera changé. Le cinéma en effet n'est pas la cause originelle du péril social de la criminalité. L'enfant ne s'engagera pas dans la mauvaise voie quand on aura fait son éducation morale en lui inculquant des principes d'honnêteté et de devoir. C'est donc vers cette source qu'il convient de tendre les efforts de rénovation sociale et non vers le cinéma.

Nous répliquons :

Assurément, de ce que l'écran aura été moralisé, de ce qu'il ne représentera plus l'adultère, le vol, le banditisme, l'assassinat, on ne supprimera pas pour autant tous les délits et tous les crimes : vérité de Monsieur de la Palisse qui, un quart d'heure avant sa mort, était encore en vie !

Mais puisque les films cinématographiques incitent les cerveaux des jeunes et les cerveaux des gens affligés d'un esprit faible à commettre des méfaits, on diminuera le nombre de ces actes répréhensibles en assainissant les susdits films. Ce n'est déjà pas rien. Ce seul résultat, si incomplet soit-il, ne constituera-t-il pas un sensible progrès?

Tant qu'il y aura des hommes sur terre, il y aura des infractions au Code Pénal. Il n'en peut être autrement : conséquence du péché originel. Mais on peut et on doit limiter ces entorses à la législation répressive et au bon fonctionnement social. Tous les moyens honnêtes et réguliers d'en amener la diminution doivent être employés sans hésitation, donc celui qui consiste à épurer les pellicules.

Si donc on vient nous dire : « Moralisons d'abord ; celà rendra le cinématographe inoffen-

sif », nous ne pouvons nous empêcher de riposter:
Oui, moralisons, mais que le cinéma ne vienne
pas démoraliser ensuite !

La nature humaine est ainsi faite, depuis le péché d'Adam, qu'elle trouve une saveur particulière
au fruit défendu. Est-il une personne ignorant
l'histoire de cette petite fille qui volait des pommes
à sa grand'mère ? La pauvre mère-grand, désolée
de voir dans l'enfant une telle tendance, lui en
fit des reproches et ajouta : « Je te donne des
pommes tant que tu en veux ; pourquoi en
prendre sans me les demander ? » Et la petite de
répliquer : « Grand'mère, c'est vrai ; mais celles
que tu me donnes n'ont pas le goût de la ma-
raude ! »

Avec ce penchant de notre nature à la désobéis-
sance, avec la curiosité présomptueuse, avec la
vanité, peut-on espérer que le cinéma n'aura pas
d'attrait même sur les âmes moralisées d'avance ?

Ce dit, nous nous demandons si c'est bien sérieux à M. Guy de Téramond de persifler comme
il le fait, d'attribuer aux détracteurs du cinématographe pernicieux la doctrine véritablement bê-
bête que, si la France a failli sombrer, que, si
dans l'histoire elle a paru avoir un moment de
défaillance, du reste glorieusement racheté, la
cause en est au cinéma ?

Non ! nul être sensé a jamais dit ou écrit une
pareille niaiserie ! A fortiori les moralistes. Qu'on
ne prête donc pas à des adversaires clairvoyants
une thèse qui n'est point leur, une pure stupidité
qui fait hausser les épaules !

Qu'au lieu de s'attarder à cette farce de plaisantin, on regarde plutôt la réalité bien en face : si notre cher pays déclinait, c'est parce qu'on le déchristianisait. Il ne s'agit pas de ricaner. Pas davantage d'invoquer avec un ton persifleur un motif fictif : le cinéma. La foi religieuse qu'on arrachait au peuple : voilà quel était le germe des maux dont souffrait la nation, voilà quelle était la source des malaises qui altéraient sa santé morale, voilà quel était le motif de ses défaillances. De même que la rechristianisation sera demain la raison de sa prospérité, de sa grandeur.

M. Guy de Téramond est plus sérieux, mieux inspiré ; il cause plus sagement quand il rappelle sa croyance quant à l'origine de la criminalité infantile ; quand il la fait découler de l'absence de théories morales dans l'éducation, quand il pose en principe qu'inculquer à la jeunesse des principes d'honnêteté et de devoir la préserverait de s'engager dans la mauvaise voie.

Nous sommes heureux, sur ce point, de tomber d'accord avec l'avocat du cinéma et ses lieutenants. Ce sera le morceau de la fin. Mais encore faudrait-il qu'aux préceptes il déclarât vouloir adjoindre les bons exemples. Car la prescription sans l'exemple... Encore faudrait-il aussi qu'il précisât sa pensée ! Lui surtout, toujours si concis d'ordinaire.

Nous n'avons aucune relation personnelle avec le Père absolutiste des horreurs du cinéma, ne lui avons jamais causé et jamais écrit, ne l'avons jamais vu.

Nous ne pouvons le juger que d'après sa prose. Le style, c'est l'homme, a dit Buffon. Et c'est aussi notre opinion. Les écrits révèlent ce que vaut leur auteur.

Or, à lire cette prose, nous admirons l'habileté et la franchise de l'écrivain, mais avons le regret de ne pouvoir rendre hommage à la rectitude de son jugement. L'impeccabilité de la forme n'arrive pas à couvrir la pauvreté de l'argumentation. Celle-ci a le défaut capital de n'être jamais péremptoire.

A lire cette prose également, nous ignorons si son auteur est catholique-romain, protestant, areligieux ou irréligieux, s'il prend rang dans cette phalange d'hommes dont un philosophe a dit : « Il est des têtes qui n'ont pas de fenêtres et que le jour ne peut frapper d'en haut. Rien n'y vient du côté du ciel. »

Quand donc nous le voyons se réfugier dans une vague formule en nous disant : Donnez une éducation morale à l'enfant, inculquez-lui des principes d'honnêteté et de devoir, et alors il ne commettra pas d'actes malfaisants — nous répondons à M. Guy de Téramond :

Sur quels principes précis, faut-il s'appuyer ?

De quelle éducation entendez-vous parler ?

Est-ce d'une éducation laïque ou d'une éducation religieuse ?

Car tout est là.

That is the question, disent les Anglais.

Et comme vous gardez un mutisme prudent et voulu, c'est nous qui allons nous charger de parfaire ce que vous avez à dessein vaguement esquissé.

Nous aimons en effet, les situations nettes, les

solutions achevées. Donc pas d'énonciation qui laisse la pensée en souffrance ; pas de phrase vague ou évasive qui, formulée de façon acceptable pour les différentes susceptibilités de lecteurs aux opinions philosophiques si nombreuses, laisse ignorer si on a devant soi un croyant ou un incrédule et satisfait tout le monde en ne contentant personne...

Serrons, serrons le texte de notre adversaire.

Deux morales sont face à face : la morale chrétienne et la morale laïque ou laïcisée.

La première est celle enseignée par l'Église de Rome et ses ministres, en tous lieux, à toutes les époques, sous tous les régimes et sous tous les climats. La seconde est celle plus spécialement en vigueur en France, celle cultivée par les divers gouvernements français qui se succèdent au pouvoir depuis des années, celle officiellement enseignée à notre époque dans les écoles primaires, collèges, lycées et facultés par les instituteurs et les professeurs de l'État Français.

La première a été longuement étudiée et contrôlée pendant des siècles ; la seconde étant nouvelle a les attraits de la surprise... et aussi les écueils...

Celle-là diffère essentiellement de celle-ci.

Faire présentement l'étude de l'une et de l'autre mènerait à des développements trop longs et hors notre sujet. Contentons-nous donc de quelques aperçus précis pour rester dans le cadre de notre réponse à la thèse de M. Guy de Téramond et à celle des rhéteurs de son école.

Dans la morale catholique nous trouvons :

1°) *Un Dieu législateur. Donc un fondement.* Les lois seront éternelles et immuables comme Lui-même.

2°) *Un Dieu rémunérateur et vengeur.* (Rémunérateur en donnant le Ciel, vengeur en condamnant à l'enfer.) *Donc une sanction.* (Sanction qui est le ciel ou l'enfer.)

Ainsi : D'une part, commandements invariables ; d'autre part, récompense des belles actions, punition des mauvaises, remède aux maux et aux injustices d'ici-bas.

Dieu, sachant tout, voyant tout, distribue le dédommagement ou le châtiment selon des degrés proportionnels à l'intention de l'agent du bien ou du mal.

Par suite la morale religieuse est substantielle, complète, parfaite.

Par contre, dans la morale laïque nous trouvons :

1°) *Une règle humaine sans fondement* fixe, stable et inébranlable (car pas de Dieu), *sans autre base que la volonté essentiellement variable des hommes.* (En effet, les lois changent... Donc, ce qui est juste la veille devient injuste le lendemain, au gré des caprices, de l'intérêt ou des passions des législateurs. Exemple : le Concordat et la Séparation.)

2°) *Une prescription sans sanction* (car pas d'immortalité de l'âme, pas de Dieu.)

Autrement dit, dans la morale laïcisée :

a) rien à l'entrée de la bâtisse, sinon du fragile,

6

du capricieux, du variable, par opposition aux lois éternelles et immuables du Créateur.

b) rien à la sortie de la bâtisse, rien !

Franchement, c'est creux, c'est vide.

D'où la supériorité de la morale chrétienne sur la morale civique.

D'où la nécessité sociale de revenir à la vieille morale de la Croix.

Deus super omnia.

Il est des auteurs qui mettent la solidarité et le progrès à la base de la morale. Ce n'est pas un fondement. S'il n'y a point d'Au-delà, la solidarité ne se conçoit pas et le progrès est en contradiction avec l'intérêt personnel de chaque individu. Si l'homme n'a pas d'âme et meurt tout entier lors du trépas, sa raison lui commande de tout garder pour lui, de ne rien abandonner à autrui à moins d'un avantage correspondant. Auquel cas, il y a échange. Car pourquoi se priver gratuitement ? Le sacrifice désintéressé et l'immolation de soi sont des non-sens dans l'hypothèse où il n'y a pas d'autre vie. La morale laïque ne développe donc pas, loin de là, les sentiments altruistes et ne fait point taire la voix de l'égoïsme, comme le prétendent ses propagandistes. Hors les liens de famille et les liens religieux, l'homme se heurte à une société glaciale et égoïste. Prétendre le contraire contre l'expérience de chaque jour, c'est donner un coup de couteau à la vérité, c'est nier l'évidence, c'est soutenir une absurdité aussi énorme que deux et deux font cinq. A moins que ce soit jongler selon la méthode des rieurs qui disent que 1 et 1 font onze...

Que si on nous taxait de sévérité ou d'exagé-
ration quand nous concluons à l'inefficacité, au
vide, au néant de cette morale nouvelle ou indé-
pendante qu'est la morale laïcisée, —

—

nous en appellerions à nos adversaires eux-mêmes,
aux sectes irréligieuses et à leurs travaux, pour
renforcer notre thèse. C'est ainsi que nous nous
en référerions à ces démonstrations tapageuses et
outrageantes que furent les congrès de jeunesses
laïques et les congrès de la libre pensée, à ces
discours maçonniques que des orateurs affligés
d'anarchie de l'esprit prononcèrent dans les loges
parisiennes et provinciales. C'est ainsi, notamment, que nous examinerions la doctrine de ce
Congrès international des Libres Penseurs qui,
dans le but de porter un défi à la Papauté, se réunit à Rome en septembre 1904.

Le congrès dont il s'agit, resté célèbre par la
résolution qu'il adopta, montre implicitement,
mais on ne peut plus clairement, que les manuels
de morale civique s'écroulent dans le néant et
étalent leur impuissance.

En effet, après avoir proclamé qu'une morale
est essentielle à toute société humaine, puis daubé
à coups redoublés la morale religieuse et fait des
efforts pour tenter de la renverser, le congrès con-
clut piteusement : « qu'il n'a pas l'ambition de
fixer à jamais la morale laïque qui, étant tout
humaine, a l'immense avantage d'être toujours
sujette à critique, à discussion, à révision, et in-

finiment perfectible comme l'humanité elle-même. »

Ainsi donc, après avoir multiplié les critiques, les reproches, les assauts contre la morale évangélique, après avoir dépensé une grande activité intellectuelle à essayer de la saper ou démolir, voilà que le fameux congrès en arrive à déclarer l'impuissance de la morale sans Dieu ! Voilà qu'il en est réduit — le pauvret — à dire son incapacité de rien construire de stable, de solide, de durable !

L'aveu n'est-il point significatif ?

Que vaut un édifice aux fondations d'argile et bâti sur un terrain mouvant ?

Le principe d'une morale variable, discutable, révisable et perfectible se retrouve dans tous les congrès de libre pensée et dans tous ceux de jeunesses laïques qui ont suivi, comme dans les travaux des loges maçonniques.

La thèse de 1904 a donc été calquée et adoptée. Elle n'était du reste point une innovation quant au fond ; elle n'eut guère de cachet que quant à la forme. Celle-ci en effet est plus gracieuse que le moule de ses sœurs aînées.

Une telle morale est véritablement d'une valeur égale à zéro. Nous l'avons démontré. Sa nullité manifeste pour tout homme éclairé et au sens droit n'a pas arrêté certains mécréants notoires dans leur orgueil insolent en révolte contre Dieu. Ils l'ont donc pompeusement baptisée *morale scientifique*. Prétention inouïe, ainsi que nous l'allons bien voir. Fanfaronnade ! A moins que les baptiseurs aient voulu se jouer de la bêtise humaine et éblouir les naïfs...

La morale est par définition la science des devoirs. Or, une science ne se borne pas à constater les effets, elle recherche les causes. Sinon, ce n'est pas une science. La morale catholique s'emploie à cette recherche et donne la solution ; la morale laïque se garde avec soin de poursuivre les investigations nécessaires. Elle se limite à l'observation des faits. De la constatation des phénomènes de l'existence physique on déduit les lois de la physiologie, mais on ne tire pas de la psychologie des phénomènes sociaux une règle de vie. Pas plus qu'on ne peut baser une règle de conduite universelle sur la conscience individuelle parfois si variable et si étrange dans ses inspirations. S'appuyer sur les faits observés, en dictant ce qui doit être, c'est protester contre ce qui est. Parler d'évolution, sans percer cette transformation, est-ce sérieux ? L'évolution a un but, le but une fin et une fin c'est l'effet d'un motif originel supérieur, c'est Dieu entrevu. Disserter, écrire des maximes, parler des devoirs sans déterminer le pourquoi de ces obligations, constater le bien et le mal sans en poursuivre la cause, n'est pas une science. C'est même une méthode nettement antiscientifique. Quelle différence avec celle de l'Église ! Celle-ci en effet remonte de l'effet à la cause, de la créature au Créateur, du monde à Dieu. De sorte que c'est la morale chrétienne qui est scientifique et que la morale laïque ne l'est pas !

Pour rejeter cette conclusion, tant elle s'impose, il faut être hélas dans l'un quelconque de ces quatre états : mauvaise foi, ignorance, inintelligence ou bien aveuglement par le sectarisme.

Nous en appelions ci-devant à nos adversaires eux-mêmes, nous déclarions que les loges maçonniques, les Congrès de jeunesses laïques et les congrès de libre-pensée (*libre-pensée, libre-conduite!!!*) en étaient réduits à reconnaître la fragilité de la morale laïque. Il y a lieu d'ajouter qu'il sied d'en dire autant de tous les auteurs de cette morale, de tous les apôtres d'icelle, depuis les plus élevés en rang social jusqu'aux plus humbles,

Évidemment, ils ne proclament pas en termes exprès et *proprio motu* cet état de vulnérabilité qui les angoisse et qu'ils cachent avec soin. Beaucoup même, quand on le leur objecte, nient avec chaleur. D'autres vont plus loin et n'hésitent pas à clamer l'excellence et la supériorité d'une telle morale sur celle de l'Église. Mais au fond de tout cela ?... Ah ! au fond ! sous l'étalage de dissertations spécieuses, mais non étayées de bons arguments, perce visiblement le poinçon de la mauvaise charpente. Cet outil perforateur du système, c'est l'absence de fondations stables et inébranlables, c'est l'inexistence des sanctions nécessaires, c'est le manque d'achèvement et de perfectionnement, c'est la recherche du mieux, c'est le besoin de trouver bien. En d'autres termes, c'est la reconnaissance implicite que la morale dont il s'agit manque de solidité, qu'elle est incomplète, imparfaite ; c'est l'aveu tacite de sa faiblesse, de son instabilité. De telle sorte que les propagandistes laïques sont acculés bon gré mal gré à reconnaître l'impuissance de la morale purement humaine, pauvre embryon remuant, mais exsangue.

Voilà la réalité devant laquelle les écrits habiles et les déclamations sonores ne sont que masque cachant la pauvreté doctrinaire, qu'imposture attractive des masses ignorantes et simplistes, répulsive des enseignements de l'Église.

L'absence de récompense et de châtiment froisse profondément la notion de justice gravée au cœur de l'homme. Dès lors, la morale laïque méconnaît la nature humaine, n'est pas faite pour l'humanité. Les foules qu'on en sature ne peuvent s'en contenter. Ses fruits sont certes trop amers. Et voilà comme quoi nous sommes convaincus d'avoir fait toucher du doigt sa manifeste infériorité et ne pouvons que sourire de pitié devant l'outrecuidante prétention de ses apologistes qui en proclament la supériorité quoique avouant implicitement ses lacunes et sa grande faiblesse.

L'expérience vécue sous le règne de l'athéisme officiel démontre au surplus qu'elle est une semeuse de ruines, un prodrome de décomposition et de désagrégation sociales. Comme exemple général à l'appui, nous offrons les progrès effrayants de la criminalité de l'enfance depuis qu'on n'enseigne plus à l'école la doctrine chrétienne. Et comme exemple particulier à l'appui, nous offrons celui de la ville du Mans :

Le Palais de Justice est installé dans le couvent de la Visitation.

La Préfecture dans le monastère de La Cousture.

La caserne d'artillerie dans l'établissement des Lazaristes.

La bibliothèque publique à l'évêché.

Le patronage laïque au séminaire.

Les cours secondaires dans l'église Saint-Pierre.

Il y a quelques années le tribunal correctionnel de Grenoble jugeait un individu coupable d'avoir volé un robinet de cuivre dans l'ancien couvent de Sainte-Marie-en-Haut confisqué aux Ursulines lors de la liquidation de cette Congrégation et en exécution des lois   . Comme le Président admonestait le voleur, celui-ci eut tôt fait de clouer le magistrat sermonneur : « Quoi ! riposta l'auteur du délit. En voilà des histoires pour un robinet ! Il y a bien de quoi vraiment ! Moi je n'ai au moins pris que ça.

Rigoureuse dialectique devant laquelle le Président resta bouche bée...

La presse s'indigna et cria au scandale.
Alors on résolut de frapper l'un des plus insignes fripons.
On arrêta Duez.
Ce qui ne ramena pas le milliard envolé.

Les abominations de tous ordres sont les conséquences inévitables de la morale sans Dieu. Assurément, celle-ci prescrit de faire le bien et d'éviter le mal, absolument comme la morale religieuse.

Mais précisément parce que, à la différence d'icelle, elle n'est pas sanctionnée, et donc n'a ni force ni vertu, il s'ensuit qu'elle est incapable d'obtenir ce bien et d'empêcher ce mal.

Le bon sens et l'expérience l'attestent.

Quant aux chefs d'orchestre ou pontifes de cette morale, nous aurions peine à révéler où ils en sont ; ils ne le savent point eux-mêmes !

Depuis une quarantaine d'années que, sournoisement, puis ouvertement, on a rejeté en France la morale catholique pour y substituer la morale laïcisée, on ne s'est assurément pas contenté de combattre celle-là et de prôner celle-ci. En raison des vices de la nouvelle bâtisse, on s'est ingénié à rendre gaillarde la méthode dont on sentait trop la maladie originelle. On a donc ouvert des concours : peine perdue. Pas de médecins, pas de guérisseurs. Rien que des charlatans sans remèdes, des prétentieux sans étais... Alors ?

Alors on a fait appel au Corps Enseignant de l'État. En 1909, on a réuni en congrès les professeurs-agrégés de philosophie. Mission : élaborer une morale qui tienne debout. Ordre facile, mais thème irréalisable, tâche impossible... L'assemblée, composée d'hommes distingués, n'a pas abouti, sinon à conclure selon le mot célèbre de Montaigne : « Que sais-je ? »

On a adressé un questionnaire aux professeurs de philosophie de province. Quelle morale enseignez-vous, leur a-t-on demandé ?

Moi, répondit l'un, j'enseigne le criticisme.

Moi, répondit un autre, j'enseigne le positivisme.

Moi, répondit un troisième, j'enseigne le rationalisme.

Moi, répondit un quatrième, j'enseigne le spiritisme.

Moi, répondit un cinquième, j'enseigne le matérialisme.

Les cent six réponses obtenues révèlent dans leur ensemble quelle anarchie règne dans l'enseignement officiel et dans la structure de la morale laïque.

Comme quoi nous touchions juste en énonçant que ces gens-là ne savent pas où ils en sont...

Il en est des professeurs de morale laïque comme des manuels. Autant il s'élabore de ceux-ci pour essayer de détrôner la doctrine chrétienne, autant il s'en écroule. Ces efforts rappellent l'histoire de la tour de Babel et la confusion des langues.

Le bon sens, au surplus, ne proclame-t-il pas que l'absence de doctrine stable et de principes inébranlables fait errer à l'aventure ?

Voici encore une démonstration typique du désarroi dont il s'agit : le célèbre professeur Jules Payot, une lumière laïque, après avoir beaucoup travaillé à la publication d'un *Cours de morale*, eut l'amertume de voir son livre l'objet d'une critique ironique. Il répondit de son mieux, expliqua avoir été obligé de refondre un chapitre de son ouvrage et termina ainsi ses explications : « mais pourquoi ne pas voir les faits et reconnaître qu'il peut y avoir diverses conceptions de la vie et qu'il est excellent qu'il y en ait plusieurs ? »

Plus on médite un tel plaidoyer, plus on est navré de la navrante indigence qu'il dénote. Voilà un professeur de philosophie et de morale qui, après avoir eu de beaux succès, couronne sa carrière par l'aveu qu'il est obligé de refondre entièrement une partie de son enseignement ! ! ! C'est navrant d'avoir blanchi sous l'étude de la morale laïque pour en arriver à dire qu'on n'est pas encore bien fixé sur son compte ! Comme quoi les innovations philosophiques modernes sont grosses de dangers et fertiles en déceptions... Quand Gabrielle Bompard assassine l'huissier Gouffé et le découpe en morceaux, c'est une conception de la vie. Et c'est encore une conception de la vie que celle des bandits Garnier et Bonnot. Est-il excellent qu'elle existe ?

Non ! au point de vue moral il ne peut y avoir plusieurs conceptions de la vie. Ou bien l'existence est une épreuve momentanée qui permet à l'âme de mériter le bonheur éternel et alors c'est la croyance en un Dieu infiniment parfait ; ou bien l'existence n'est à considérer que matériellement et donc implique la réalisation de tous les désirs, la rupture de toute entrave à ces désirs et alors c'est l'absence complète de morale. Bien malin, qui sortira de ce dilemne !

Conclusion : Sans Dieu, la morale n'a pas de fondement solide.

L'israélite Joseph Reinach était plus sage et
mieux inspiré quand il avouait le trois novembre
1910 : « L'enseignement religieux donnait une
base à l'enseignement de la morale. La pros-
cription de Dieu a laissé la morale en l'air. »

Que si, malgré le désarroi des apôtres de l'idée
laïque ; que si, malgré la démonstration faite pré-
cédemment de l'inefficacité de la morale indé-
pendante ou laïcisée, vous aviez encore, ô lecteurs, le moindre doute en l'esprit *sur ce qu'est,
sur ce que vaut* la morale dont il s'agit,

oh alors !
permettez-nous de vous offrir un exemple vivant
et de le faire suivre de considérations typiques.
Une conscience faussée pourra nous infliger un
démenti ; une conscience droite, jamais !

Ami lecteur, c'est vous personnellement que
nous mettons en cause. Vous permettez, n'est-ce
pas ? Nous ne vous mordrons... qu'à la fin...
juste au moment de la conclusion. Et pas trop !

Voici votre cas présumé. — Admettez notre hypothèse sans vous blesser. — Vous trouvez sur la
route nationale n° 5, de Paris à Genève, qu'em-
bellit Champagnole, un portefeuille garni de vingt

bons de mille francs de la Défense Nationale. Trou-
vaille coquette. Ce ne sont pas des assignats, mais
des titres solides, au porteur, appartenant donc à
qui les détient, en vertu de l'article 2279 du Code
Civil ainsi conçu : « En fait de meubles, la pos-
session vaut titre. » Et par le mot « meubles »
vous savez que la loi entend non seulement les
meubles meublants et objets mobiliers, mais aussi
les créances et valeurs. Donc ces titres sont légale-
ment à vous si vous le voulez et si rien de désa-
gréablement imprévu ne se produit à votre en-
contre. Absolument comme si c'étaient vingt
billets de mille francs de la Banque de France.

Les bons ont été perdus par un riche parisien
dont le nom et l'adresse vous sont révélés grâce à
des annotations manuscrites contenues en le susdit
portefeuille. Personne ne vous a vu. Vous en êtes
bien certain. Si donc vous gardez les vingt titres
au porteur, nulle crainte du gendarme ou du Code
Pénal, pas même le souci de l'opinion publique
et des coups de langue contre votre réputation. Ni
vu, ni connu.

D'autre part, vous n'avez pas la foi, pas de religion. On vous a enseigné à l'école primaire qu'il
ne fallait pas prendre ou garder le bien d'autrui.
Baliverne cela, du moment où personne ne sait
et ne saura rien ! Formule, simple formule creuse,
puisque vous ne risquez rien en ce monde faute
d'avoir été vu, rien en l'autre car il n'en existe
point d'après vous, comme d'après l'enseignement
que vous avez reçu !

Enfin vous passez pour être dans l'aisance, alors
que la gêne ne cesse de vous visiter. Quant au

propriétaire du portefeuille, il n'a aucun besoin réel de ses titres de la Défense Nationale. C'est un millionnaire, au surplus un célibataire. A vous, chargé d'enfants, ils seront si utiles !

Après avoir bien raisonné et pesé tout, vous décidez de garder le magot. *Alea jacta est !*

Nous vous disons crûment : Vous êtes un parfait malhonnête, mais un non moins parfait dialecticien. Votre logique est de toute première force. Du moment en effet où vous êtes à l'abri des chuchotages, de la déconsidération, de la correctionnelle, de la prison ; du moment où les valeurs vous sont utiles et même nécessaires ; du moment où vous ne vous ménagez pas le remords d'avoir effectivement nui au légitime propriétaire, de l'avoir seulement gêné ; du moment enfin où vous ne croyez point à l'Au-delà, donc pas à la récompense ni au châtiment dans l'autre monde à vos yeux inexistant, où par contre, vous êtes convaincu que « quand on est mort, tout est mort » — vous n'avez dès lors fait que contrevenir et donner un coup de canif à la morale civique : un leurre ! un beau zéro tout rond ! Et si vous restituez, vous n'êtes qu'un imbécile !

Voilà la conclusion logique et forcée où on aboutit parce que la morale laïque est sans sanction.

Comment veut-on qu'une telle morale soit sérieuse et efficace sans l'enfer qui châtie le mal, sans le paradis qui récompense le bien ?

S'il n'est rien à attendre après la mort, il faut alors prendre sa part sur terre par tous les moyens.

Si Dieu est un mot vide de sens, l'homme devient alors son seul maître et nul ne saurait lui dénier le droit de régler son existence au gré de ses caprices.

Oui, si l'Au-delà avec ses récompenses et ses châtiments, n'existe pas, l'homme peut alors tout entreprendre ; ses instincts et ses passions se donnent libre cours. Tirer profit d'une vilaine action deviendra pour lui un devoir, une vertu. Car le premier besoin naturel de tout être humain réside dans le bonheur. Ce besoin deviendra donc le premier devoir. L'homme emploiera les moyens d'y atteindre. Si donc les instruments du bonheur sont aux mains d'un tiers, il les prendra. Fera-t-il le mal ? Nenni ! Il cèdera à l'instinct de sa nature qui le pousse à l'assaut du bonheur. La créature dépouillée aura-t-elle qualité pour se plaindre ? Point ! Elle n'avait qu'un droit conditionnel à l'objet qui lui a été pris ; elle n'en jouissait que sous réserve de ne pas se le faire enlever par un plus habile ou un plus fort. Ainsi donc, sans paradis et sans enfer, c'est la perfidie triomphant de la candeur ; c'est la force primant le droit ; c'est la mise en chantier de la culture allemande ; c'est l'or, l'égoïsme jouisseur, le bien-être et le plaisir devenant le seul but de la vie.

Plus on accumulera de satisfactions et de jouissances, plus on approchera de la perfection humaine, de l'idéal humain. C'est ainsi que concluait l'anarchiste Pierre Leroux : « Puisqu'il n'y a plus rien sur terre que des choses matérielles, de l'or et du fumier, donnez-moi ma part de cet or et de ce fumier ! »

L'enfer ! ah, ce mot sous la plume d'un laïque,

quelle horreur aux yeux d'un impie ! Tel incrédule sourira de pitié ; tel autre, au caractère moins bien fait, criera qu'on insulte à sa raison !

Qu'il crie, qu'il tempête si bon lui semble ! C'est l'exercice de la liberté.

Mais ses imprécations ne rimeront à rien.

Qu'il nous suive plutôt dans notre raisonnement et qu'il tâche de le démolir — si possible ? !

C'est à quoi nous le convions.

L'enfer, nous dira-t-il, est une pure chimère, un épouvantail des parents pour s'assurer la docilité de leurs enfants, une invention des curés pour maîtriser les peuples. La croyance à l'enfer, ajoutera-t-il, c'était bon pour le Moyen âge, époque d'obscurantisme et de superstition, mais au xxᵉ siècle, en pleine lumière intellectuelle : pouàh!

Nous n'aurions pas de peine à répliquer que les ténèbres du Moyen âge n'existent guère que dans l'Histoire falsifiée et beaucoup préféreront cette époque à la nôtre où l'homme se conduit comme la bête, se signale par la cruauté sanguinaire, redevient à l'état sauvage et barbare. Nos grands ancêtres n'ont pas connu la marche nationale au suicide, la multiplicité des crimes par l'enfance, les pirateries de zeppelins et de sous-marins, les gaz asphyxiants. Ils étaient loin du progrès à la mode. Mais ils ont eu la foi, une foi intense, et, par suite, la paix de la conscience, le bonheur intime. La société actuelle, avec sa soif d'argent et de plaisirs, avec son absence de scrupules, son orgueil en révolte contre Dieu, ne connaît plus cette paix de l'âme et, partant, le bonheur. Y a-t-elle gagné ?

Démodé l'enfer... Est-ce pour le bien du peuple?

Fini le gouvernement spirituel du christianisme sur les foules... Est-ce pour leur perfectionnement ?

Otez l'enfer. Otez le paradis. Que devient la justice ? quelle flétrissure reçoit le vice et quelle récompense la vertu ? Où est le frein contre les passions ? la digue contre l'improbité ?

Otez l'enfer. Otez le paradis. A quoi sert la distinction du bien et du mal ?

Otez l'enfer. Otez le paradis. La conscience n'est-elle pas un mot vide et importun ?

Otez l'enfer. Otez le paradis. Les iniquités, les désordres et les maux de toutes sortes ne sont-ils pas sur terre le plus souvent sans remède ?

Et cette solution vous contente ?

Nous pas.

Mais pas du tout !

Notre raison n'est pas satisfaite et notre soif de justice point étanchée du moment où les iniquités d'ici-bas sont généralement irréparables, où les mérites sont généralement inconnus, les bonnes actions généralement pas récompensées, les mauvaises actions généralement pas punies.

La raison proclame que c'est là une misérable philosophie. Elle veut, elle exige impérativement qu'une souffrance soit attachée à la violation d'une règle, un bonheur à son observation ; elle ne peut se contenter de l'articulation d'un précepte. D'où la nécessité d'une sanction comme aboutissement du mérite ou du démérite.

Nous nous sommes abstenus à dessein de tout argument théologique. Vous n'avez pas été sans

7

le remarquer. Nous nous sommes exclusivement appuyé sur la raison, précisément parce que la morale laïcisée ne veut rien admettre qui ne soit accessible à la raison. C'est sa pierre angulaire. Eh bien ! sur ce terrain sien de la raison, elle est en rupture de ban avec le bon sens ; elle est battue par ses propres armes ; elle est fouettée avec ses propres verges. Il nous est agréable d'en faire la constatation, doux d'avoir démontré que la raison milite en faveur du Ciel et de l'enfer.

Or, comme la morale laïque rejette le paradis et l'enfer, c'est donc qu'elle fait fausse route.

C'est clair comme le jour.

Cette doctrine de la pure raison, et non pas que de la foi, a été admise par ces grands philosophes dont l'autorité est si souvent invoquée par la libre Pensée, par ces hommes d'érudition auxquels elle rend une sorte de culte.

Nous possédons une liasse considérable de leurs opinions en la matière. Et si nous ne la publions pas, c'est que bien d'autres avant nous se sont chargés de ce soin et c'est aussi que nous ne voulons pas nous attarder davantage. Le dictionnaire philosophique, l'homélie sur l'athéisme, le traité de la tolérance, la lettre sur les spectacles, l'encyclopédie et tant d'autres œuvres des philosophes, ces benjamins des sectes irréligieuses, sont des trésors précieux, des mines en faveur de notre démonstration.

« Otez l'enfer, a dit Jean-Jacques Rousseau, et vous détruisez la morale. » Nous nous limitons à cette unique citation pour la dédier à MM. Payot et Bazet, les deux principaux auteurs de morale civique lesquels affirment dans leurs manuels que l'objet poursuivi par l'humanité est le bonheur, de telle sorte que toute action qui procure ce bonheur est bonne, toute action qui le compromet est mauvaise.

De leur thèse nous tirons ces deux déductions :

1°) Le culte de l'humanité remplace le culte de la Divinité, les droits de l'homme ceux de Dieu.

2°) La morale de ces professeurs de l'Université est utilitaire.

M. Bazet a du reste précisé et osé écrire qu'on reconnaît une action bonne à son utilité.

En sorte que le voleur commet un acte louable puisque le vol lui est utile ! ! !

Voilà l'illogisme monstrueux où conduit la morale sans Dieu !

Et on s'étonne que l'Épiscopat ait condamné ces manuels ! N'est-il pourtant pas le juge compétent par excellence pour décider si, oui ou non, ils sont intoxiqués de poison pour les âmes ?

L'invasion allemande de la Belgique et du Luxembourg, les exploits de sous-marins, les déportations de civils et tant d'autres crimes boches ne sont autres, eux aussi, que les fruits de la morale utilitaire. Les Germains se sont livrés à ces actes de banditisme parce qu'ils les ont jugés utiles à leurs intérêts. M. Bazet nous dira-t-il que les Teutons ont commis une bonne action ? S'il les désavoue, c'est qu'il est en contradiction avec son propre enseignement matérialiste.

Nous l'enfermons sans pitié dans ce dilemne et le mettons au défi d'en sortir.

Une morale sans fondement et sans sanction est un château de cartes. En outre, une absurdité.

Pas de morale sans religion.

Et comme un État est une société organisée qui ne peut se passer de morale, il s'ensuit qu'un État doit être religieux, que l'union est nécessaire de la Religion et de l'État. C'est par suite une erreur d'avoir proclamé la Séparation de l'Église et de l'État, une erreur de dire que la religion est d'ordre privé, non public ; qu'elle doit se cantonner dans les actes individuels, ne pas s'étendre aux actes collectifs ou sociaux ; que les systèmes politiques peuvent donner congé à Dieu ; que les Pouvoirs Publics doivent être rationalistes. C'est au contraire de l'intérêt bien compris d'une nation que la législation, loin d'entraver le développement de la Foi, place la religion à la base de ses textes et donne à Dieu la place qui lui revient et de laquelle, pour le bonheur des peuples et le maintien du bon ordre national et international, il n'aurait jamais dû être banni.

Ce n'est donc pas à coups de morale laïcisée ou civique qu'on doit élever la jeunesse.

Si on veut que l'enfant soit armé contre les périls de la vie et suive le droit chemin, il faut lui inculquer, non point de vagues notions, mais des principes chrétiens, les seuls solides et ne faisant pas fausse route ; il faut lui enseigner *le Décalogue* avec son complément et son perfectionnement : *l'Évangile*. Sinon... faillite.

Voilà la loi souveraine.

Hors cette loi, le Code de la morale n'est autre qu'un cahier aux feuilles blanches où chacun inscrit ce qu'il veut au gré de ses caprices et de ses fantaisies, suivant ses impulsions et son tempérament ; où le gênant est éliminé, l'obstacle supprimé ; où le devoir passe dès lors à travers les mailles de l'élastique filet, où la conscience publique tombe en désarroi et chancelle.

C'est ce que M. Guy de Téramond s'est volontairement abstenu de préciser, fût-ce en deux lignes. La lacune est comblée. Clôture avec lui ou, plus exactement, avec sa doctrine malfaisante. *Pax tecum !*

CHAPITRE VI

Le Cinéma, les Parents et l'éducation des Enfants.

———

Au fond de toutes les grandes âmes de fils, a dit A. Cochin, cherchez bien et vous trouverez un écho de la grande âme de sa mère.

Quatre espèces de mères, a écrit la Comtesse Olga : celles qui aiment le corps, ce sont les nourrices ; celles qui aiment les intelligences, ce sont les éducatrices ; celles qui aiment les âmes, ce sont les saintes ; celles enfin qui aiment le corps, l'intelligence et l'âme, ce sont les vraies mères.

Étranges ces mamans qui, à notre époque où la main-d'œuvre manque, où tant d'industries sont fermées faute de bras et de matière première, se lamentent de ne pas trouver dans les bazars un choix suffisant de jouets. Mesdames, s'il faut des jouets à vos enfants, ne faut-il pas aussi et surtout des enfants pour les jouets ? Créez donc. Créez d'abord. Donnez des fils à la France qui tombe d'anémie. Les poupées et les guignols ensuite, ô femmes frivoles !

La mentalité de trop nombreux parents est vraiment surprenante pour ne pas dire plus. Elle révèle l'aveuglement intellectuel et l'étiolement moral.

De tendres mères sont heureuses de savoir au cinéma leur non moins tendre progéniture... Les films sont-ils immoraux, dangereux? Qu'importe? Pendant que l'enfant passe son après-midi au spectacle, la mère est bien débarrassée[1] ! C'est inouï...

Maman et papa poussent parfois l'inconscience jusqu'à mener leur fils à la représentation du « Cercle Rouge » et autres malpropretés ; ils se divertissent avec lui à la vue des policiers roués de coups et des exploits d'apaches. Vous riez aujourd'hui ? Demain vous pleurerez. *Is ridet qui cras flebit.*

D'autres parents laissent leurs enfants vagabonder dans les rues, pousser avec la liberté des mauvaises herbes et fréquenter les mauvaises compagnies. Parents coupables ! Parents indignes ! *Latet anguis in herba*, a dit Virgile.

Hélas ! que de ménages où les mères sont aveugles et où les pères sont borgnes !

Lorsqu'on a la charge et l'honneur d'élever des enfants, on doit les surveiller, savoir où ils sont, ce qu'ils font, où ils vont, qui ils fréquentent. C'est une lourde tâche et une non moins écrasante responsabilité que celle de dresser des petits êtres ; aussi est-il affligeant de voir avec quelle insou-

---

1. Nous ne disons pas : la mère est bien tranquille. Car si l'amusement des enfants est la tranquillité des parents, c'est à la condition que l'amusement soit honnête.

ciance fautive ou quelle légèreté certains pères et
certaines mères s'acquittent de leur mission.

Et qu'arrive-t-il ?

A quinze ans, avant parfois, l'enfant qui n'a pas
reçu de principes, qui n'a pas été tenu et qui n'a
jamais obéi, devient insolent pour les auteurs de
ses jours, leur donne des inquiétudes et fait déjà
parler de lui. Cet enfant moralement abandonné,
c'est de l'étoffe de vaurien, c'est du futur gibier
de correctionnelle ou de Cour d'assises.

A qui la faute ?

O parents insensés, comprenez donc votre rôle
et sachez le remplir. Observez vos devoirs d'état.
Préservez de toute contagion le cœur de vos enfants. L'éducation, a écrit Mgr Dupanloup, demande les plus grands soins parce qu'elle influe
sur toute la vie. Si, au lieu d'avoir permis à votre
garçon de courir les rues, de se lier avec des polissons, de se rendre dans les mauvais cinémas,
vous l'aviez envoyé au catéchisme, à l'école chrétienne, au patronage, aux offices de la paroisse,
vous l'auriez ainsi protégé contre l'inondation du
vice, vous ne vous seriez pas ménagé de cruelles
déceptions. Si ce fils a mal tourné, s'il vous vole,
s'il vous insulte, et même vous brutalise, vous
avez le châtiment que vous méritez. Le lionceau
est devenu lion.

N'ignorez pas et ne méprisez pas ce proverbe
russe : « Si tu laisses ton enfant te marcher sur
le pied à cinq ans, à vingt il te marchera sur le
cœur. »

Ah ! c'est qu'à la solution du problème infantile
on ne saurait trop tendre ses efforts et apporter

les soins les plus délicats ! C'est pourquoi le cinématographe étant un instrument qui a le plus
grand empire sur les cerveaux et sur les cœurs,
il faut qu'il cesse de poursuivre un but malfaisant
pour s'assigner une mission moralisatrice, graver
dans les âmes de saines pensées et de salutaires
résolutions, devenir le puissant auxiliaire de
l'éducation.

La famille est la cellule-mère de la Nation ; elle
se dissout sous l'action délétère des théories nouvelles, elle se désagrège sous l'influence pernicieuse des lectures et des spectacles malsains.

A Paris, une œuvre catholique a été créée pour
donner des représentations récréatives, variées et
honnêtes, à la différence de ces soi-disant spectacles de famille qui ne sont qu'une école de sot-
tises et de libertinage. C'est « Le Bon Théâtre »,
32, quai de Passy (Location et Renseignements,
4, Avenue de Breteuil). Chaque dimanche et
chaque jeudi, c'est-à-dire les jours où les établissements scolaires accordent congé à la jeunesse,
il donne des séances cinématographiques et autres
pour distraire sainement les esprits, élever l'âme
de cette jeunesse, la fortifier dans le droit chemin
et l'instruire.

« Le Bon Théâtre », est une œuvre d'éducation
et de moralisation, non pas une affaire. Sa devise :
« Toujours avec Art, jamais sans morale. » Là au
moins, on ne joue pas de scènes licencieuses, on
ne flatte point les passions et vices populaires ;
on les redresse !

Puisse cet exemple être suivi dans toutes les
villes de France !

Observez le bambin. Étudiez sa psychologie. C'est un parfait imitateur. Être d'impression et d'impulsion, est-il enfant de chœur ? il éprouve au foyer domestique le besoin de célébrer la Messe, de chanter les Vêpres. Va-t-il au Cirque ? A son retour, il attelle les meubles du logis, les enfourche, fait l'écuyer, le gymnaste. Regarde-t-il des militaires à la manœuvre ? Avec ses petits frères, il joue au soldat. Tout ce qu'il voit l'impressionne. Il est instinctivement poussé à imiter. Il reproduit dans ses jeux et dans ses ébats les aventures dont il a été le témoin. Quand donc il assiste à des spectacles où le cambriolage est étalé à ses yeux, où de bons tours sont joués à la police, où le vol est célébré, où défilent des images malsaines, des scènes de violence, de pillage ou de meurtre, oh ! alors, il joue à « La Main qui Étreint », comme on joue à saute-mouton, et, avec le temps, il devient un petit apache, sinon un chevalier de haute ou basse pègre...

« Papa, disait un gamin à son père, j'ai trouvé le secret de ton coffre-fort. » Le père changea la serrure. Mais il n'empêcha pas son fils de retourner au cinéma. Le bandeau !

Parents imprévoyants, prenez garde ! Méditez ce cri d'alarme !

Nous vous parlons en connaissance de cause, parce que nous avons lu, vu, étudié, réfléchi. Au surplus, nous ne sommes pas étranger à l'éducation infantile puisque père de huit enfants ; et nous pouvons dire avec fierté, au su de leur état d'âme et de leur conduite, comme au vu de leur santé morale et physique, que ce sont des enfants modèles.

Malgré la tristesse des temps, il est heureusement de multiples familles qui possèdent un tel bonheur. Mais, hélas ! combien il en est d'autres dont les enfants mal élevés sont un sujet de légitime angoisse !

Nous ne saurions donc trop attirer votre attention sur le péril que court la jeunesse, dans les cinémas notamment.

Ne donnez jamais en pâture à vos enfants ce qui est bas, vil, dangereux ; par conséquent ces lectures mauvaises et ces cinémas démoralisateurs qui font tressaillir et bouillonner les passions, impriment dans les cœurs des battements que vous deviendrez impuissants à réprimer, qui dirigeront la vie de ces petits êtres, retentiront toute leur existence dans l'intime de leur âme et la moëlle de leurs os.

L'avenir d'un enfant, a dit Lacordaire, est toujours l'ouvrage de sa mère. La plus forte et première empreinte en effet, est celle donnée dans la famille et spécialement par la maman.

Ne croyez pas avoir rempli votre rôle parce que vous avez donné à vos petits le gîte, l'aliment et le vêtement, parce que vous les avez fait instruire et leur avez ainsi procuré le moyen de se créer une place au soleil.

Le toit, le pain, l'habillement et la science profane sont choses nécessaires, mais insuffisantes que doit compléter la formation religieuse.

Outre l'avenir matériel, il faut assurer l'avenir moral et donc, par le respect des choses saintes, par la crainte et l'amour de Dieu, par l'aversion pour le mal, préparer la transition de l'enfance à l'adolescence. Or, faire entrer dans des âmes encore neuves des notions d'un ordre purement terrestre, d'une morale purement humaine, dès lors non appuyées sur les enseignements de Celui qui est la source de tout devoir et de toute autorité, ce n'est pas assurer l'avenir moral de l'enfant.

Beaucoup trop d'entre vous se soucient médiocrement de l'éducation chrétienne. C'est là l'un des symptômes les plus alarmants de notre désorganisation sociale, car l'expérience révèle que cette jeunesse sans foi, sans idéal, devient la proie de la corruption et grossit les contingents du désordre.

L'instruction sans religion forge une arme dangereuse contre la Société. Le pédantisme de la fausse science détruit les craintes salutaires. Les « sans patrie » sont de la même souche que les « sans Dieu ».

Quant à ceux très nombreux d'entre vous qui font donner à leurs enfants une instruction religieuse et qui, en même temps, ne surveillent pas ces enfants, ne combattent point leurs saillies désordonnées et leurs caprices, leur laissent faire de malsaines lectures, fréquenter de mauvais lieux, voir de vilaines choses, nous leur disons avec une brutale franchise : A quoi peut bien aboutir cette éducation chrétienne, si, au sortir de l'église ou du patronage, l'enfant dévore des écrits contre la Foi ou contre les mœurs, se délecte de représentations cinématographiques immorales, reçoit le mauvais exemple et subit la contagion délétère du mal ? Quels fruits sérieux et durables pourra donner la pratique religieuse si elle est combattue par l'erreur, le persiflage, la négation, le poison de tous noms ? Il n'est d'action effective que coordonnée ; soyez-en intimement convaincus.

Vous n'entendriez pas qu'on déformât le corps de vos enfants ; vous ne devez pas davantage tolérer qu'on déforme leur esprit et leur cœur.

Trois naissances successives sont nécessaires à l'être humain pour arriver à la vie complète : celle temporelle, celle spirituelle et celle intellectuelle. Former le corps suffit aux animaux. L'homme doué d'une âme et d'une intelligence ne saurait se contenter de ce maximum de la bête.

Et de ce que la valeur d'un arbre se mesure à ses fruits, vous aurez à cœur de bien le greffer en faisant rayonner une bienfaisante influence et en multipliant vos soins ainsi que vos diligences.

Imprimez donc à vos enfants une discipline et donnez-leur une direction. Suivez ces conseils de Monseigneur Gauthey, archevêque de Besançon, que nous cueillons dans sa si belle lettre pastorale du Carême 1917 :

On voit souvent des plantes très vigoureuses pâlir, puis dépérir. Si l'on veut regarder à la racine on y trouvera un ver affreux en train de la dévorer. Une mère attentive n'a pas de peine à découvrir sur les traits de ses enfants, dans leurs regards, les premières atteintes de l'horrible ver rongeur qui s'attaque aux sources de la vie et de la santé comme aux racines de la vertu. C'est alors qu'elle devra mettre en jeu toute sa sollicitude maternelle, toute sa délicatesse pour employer le traitement moral et religieux qui arrachera l'enfant à la contagion du vice.

Que les parents ne croient pas pouvoir se relâcher trop vite de leur surveillance. Ils devront toutefois

témoigner de la confiance à leurs enfants. Ceux-ci tiennent souvent à honneur de montrer qu'on n'a pas à
se défier d'eux. Mais encore les yeux paternels ne
doivent jamais se fermer et la mère restera toujours
attentive à veiller jusqu'au moment où les jeu...
pousses se détacheront du tronc familial pour faire
souche à leur tour.

. . . .

C'est un devoir capital pour les parents de faire instruire leurs enfants. Il n'est pas nécessaire de viser aux
diplômes, surtout pour les jeunes filles. Nous espérons
qu'après la guerre cette mode tombera pour faire place
à des soins plus sérieux. Les soldats revenus du front
préféreront aux jeunes filles brevetées des compagnes
fortes et de bonne santé, qui leur paraîtront prêtes à
être des mères fécondes et de sages ménagères. Même
pour les garçons, on les poussera sans doute moins aux
hautes études qui tendraient à les faire sortir de la
condition de leurs parents. Il faut souhaiter que notre
terre française reprenne le plus de bras qu'il se pourra
pour la culture. Il y a là de grands progrès à faire et
un avenir sérieux, plus assuré, plus heureux et aussi
honorable que l'état de fonctionnaire. Tous souhaitent
que les employés de cette catégorie soient diminués
en nombre d'au moins la moitié et tous les services
n'en seront que mieux et plus utilement accomplis.
Le commerce et l'industrie prendront aussi de grands
développements et offriront aux familles des emplois
convenables à leurs enfants.

En toute hypothèse, les parents ont l'obligation de
choisir les maîtres de leurs enfants selon leurs convictions et leurs traditions.

La guerre aura tué cette tyrannie et
il faudra bien que tous les Français qui n'auront ménagé ni leur sang ni leur dévouement, ni leurs res-

sources pour le salut de la patrie, remportent au moins comme fruit de la victoire la liberté de pratiquer la religion qu'ils préfèrent, sans entrave, et de faire élever leurs enfants par les maîtres honnêtes qui leur agréeront, eussent-ils un froc de religieux ou une robe de religieuse.

On élève très mal avec des promesses de friandises, avec des contes de fées, avec des menaces stupides comme Croquemitaine ou le Père Fouettard. Gâteries et bêtises d'un côté, vains épouvantails de l'autre, ce ne sont pas des méthodes éducatives.

Savourez cette spirituelle boutade de la délicieuse Zette :

Didi a trois ans. C'est un bébé aussi délicieux que peut l'être un bébé de trois ans et aussi insupportable que sait l'être une grande personne.

Sa bonne le surprend au moment où, de la fenêtre, il crache sur les passants, amusement interdit tant par les règlements intérieurs que par les traités avec l'extérieur.

Le conseil de famille, aussitôt réuni, décide que Didi a mérité le fouet. Mais, au moment d'appliquer la peine, une voix s'élève en faveur du coupable :

— Allons, il ne recommencera plus... N'est-ce pas, Didi, tu ne recommenceras plus ?

— Je le fera plus jamais, jamais, jamais ! promet Didi.

— Il ne le fera plus jamais, enregistrent avec confiance papa, maman et la bonne.

Le lendemain, Didi ouvre tous les robinets de la maison, pour faire une inondation ; ou bien il verse le contenu de l'encrier dans la tasse de lait de sa maman, pour faire du café au lait ; ou bien il déchire le courrier de son papa pour faire des petits bateaux en papier ; ou bien il découpe les rideaux du salon, pour faire des drapeaux aux couleurs alliées.

Dès qu'il est interrompu au cours d'un de ces travaux, il s'empresse de déclarer :

— Je le fera plus jamais, jamais, jamais !

— A la bonne heure ! répondent papa, maman et la bonne, complètement rassurés sur l'avenir.

Le surlendemain, on trouve Didi armé d'une paire de ciseaux et occupé à tondre à l'ordonnance toutes les brosses de la maison.

— Je le fera plus jamais, jamais, jamais ! dit-il sans interrompre son travail...

Voilà bien en effet votre faiblesse, ô trop nombreux parents ! Habiles à distribuer du bonbon, à raconter *le Petit Poucet* et *la Barbe bleue*, vous êtes souvent incapables de gouverner votre barque, de vous faire écouter et de dresser.

Il y a une vingtaine d'années, nous rendions visite à une vieille amie de notre bonne mère. La conversation vint à tomber sur les enfants mal élevés. Quelques exemples furent évoqués par elle. — « Je vous certifie que, si je deviens chef de famille, je m'y prendrai différemment. » Et elle, avec le sourire, de répondre : « Vous ferez comme les autres... » Eh bien ! nous n'avons pas du tout cru devoir suivre les errements de tant d'autres et ne pouvons que nous en féliciter.

Parents, vous vous ferez obéir grâce à la fermeté et à l'appel au devoir. Par fermeté, nous n'entendons pas les coups à répétition. Assurément, il faut claquer, mais pas trop ! Tel enfant a besoin de corrections, tel autre a un tempérament auquel elles ne conviennent point. Question de doigté et de tact. Il faut surtout s'ingénier à capter le cœur du moutard, il faut aussi être gai avec lui, car il aime la gaieté comme la plante le soleil. Vous développerez sa conscience, son esprit de devoir, son cœur, 1°) en le prenant par *les sentiments* et par la raison, 2°) en lui donnant le bon exemple ; le bon exemple est chose capitale précisément parce que l'enfant est imitateur. (Quand je serai grand, je n'irai plus à la messe ; mon père n'y va jamais ; réplique d'un gamin de 8 ans à son curé), 3°) en lui parlant du Dieu bon et juste qui récompense les bonnes actions et punit les mauvaises, en le faisant prier, en l'invitant à de petites privations, à de petits sacrifices pour ses grands-parents défunts et pour la France. C'était la méthode de nos aïeux ; elle produisait de bons fruits. Si on la suivait un peu mieux à notre époque, si on joignait l'exemple au précepte, il n'y aurait pas tant de petits voyous qui font pleurer leur mère !

Parents, nous ne saurions trop vous recommander d'envoyer vos enfants au catéchisme, au patronage, aux offices.

Parce que...

Je n'entends pas qu'on puisse être vertueux sans religion ; j'eus bien longtemps cette opinion trompeuse, dont je suis bien désabusé.

Jean-Jacques Rousseau,
(*Lettre à d'Alembert sur les spectacles.*)

Parce que...

C'est un principe certain que ce n'est que dans la religion qu'on peut trouver une justice exacte, une probité constante, une sincérité parfaite, une application utile, un désintéressement généreux, une amitié fidèle, une inclination bienfaisante, un commerce agréable, en un mot tous les charmes et les agréments de la société.

(*Encyclopédie, article probité.*)

Parce que...

Telle est la faiblesse du genre humain et telle est sa perversité qu'il vaut mieux sans doute pour lui d'être subjugué par toutes les superstitions possibles, pourvu qu'elles ne soient point meurtrières, que de vivre sans religion. L'homme a toujours eu besoin d'un frein ; et quoiqu'il fût ridicule de sacrifier aux faunes, aux sylvains, aux naïades, il était bien plus utile d'avoir ces images fantastiques de la divinité que de se livrer à l'athéisme. — Partout où il y a une société établie, une religion est nécessaire.

(VOLTAIRE, *Traité de la tolérance*, chapitre xx.)

Parce que...

Je ne voudrais pas, dit encore Voltaire, avoir affaire à un prince athée qui trouverait son intérêt à me faire piler dans un mortier ; je suis bien sûr que je serais pilé. Je ne voudrais pas, si j'étais souverain, avoir affaire à des courtisans athées dont l'intérêt serait de m'empoisonner ; il me faudrait prendre au hasard du contrepoison tous les jours. Il est donc absolument nécessaire pour les princes et pour les peuples que l'idée d'un être suprême, créateur, gouverneur, rémunérateur et vengeur, soit profondément gravée dans les esprits.

(*Dictionnaire philosophique, chapitre de l'athéisme.*)

Parce que...

— Aujourd'hui, après dix-huit siècles, comme autrefois, le Christianisme est encore pour deux cents millions de créatures humaines l'organe spirituel, la grande paire d'ailes indispensables pour soulever l'homme au-dessus de lui-même, au-dessus de sa vie rampante et de ses horizons bornés, pour le conduire à travers la patience, la résignation et l'espérance, la pureté et la bonté, jusqu'au dévouement, au sacrifice...

— Toujours et partout, depuis 1800 ans, sitôt que ces ailes défaillent ou qu'on les casse, les mœurs publiques ou privées se dégradent. En Italie, pendant la Renaissance, — en Angleterre, sous la Restauration, — en France, sous la Convention et le Directoire, — on a vu l'homme se faire païen comme au premier siècle. Du même coup, il se retrouvait tel qu'au temps d'Auguste et de Tibère, c'est-à-dire voluptueux et dur. Il abusait des autres et de lui-même. L'égoïsme brutal et calculateur avait repris l'ascendant. La cruauté et la sensualité s'étalaient, la société devenait un coupe-gorge et un mauvais lieu...

— Quand on s'est donné ce spectacle, et de près, on peut évaluer l'apport du christianisme dans nos sociétés modernes, ce qu'il y a introduit de grandeur, de douceur et d'humanité, ce qu'il y a maintenu d'honnêteté, de bonne foi et de justice...

— Ni la raison philosophique, ni la culture artistique et littéraire, ni même l'honneur féodal, militaire et chevaleresque, aucun code, aucune administration, *aucun gouvernement* ne suffit à le suppléer dans ce service. Il n'y a que lui pour nous retenir sur notre pente fatale, pour enrayer le glissement insensible par lequel incessamment, et de tout son poids originel, notre race rétrograde vers ses bas-fonds. Et le vieil Évangile est encore aujourd'hui le meilleur auxiliaire de l'intérêt social.

(TAINE, *Livre III des Origines.*)

Parce que...

Les principes religieux sont mille fois plus nécessaires aux nations que les codes civils et les institutions politiques.

VICTOR COUSIN,
(*Chef de l'école spiritualiste éclectique.*)

Parce que...

La religion et la morale sont les appuis nécessaires de la prospérité des États. Supposons même pour un moment que la morale puisse se soutenir seule. L'influence qu'une éducation très soignée aura peut-être sur les es- prits d'une trempe particulière, la raison et l'expérience nous défendent de l'attendre de la morale de toute une nation sans le secours des principes religieux.

WASHINGTON,
(Message d'adieu au peuple américain.)

Parce que...

...Il y a un malheur dans notre temps ; je dirai presque il n'y a qu'un malheur : c'est une tendance à tout mettre dans cette vie. — En donnant à l'homme pour fin et pour but la vie terrestre, la vie matérielle, on aggrave toutes les misères. Par la négation de ce qui est au bout, on ajoute à l'accablement des malheureux le poids insupportable du néant ; de ce qui n'est que la *souffrance*, c'est-à-dire une loi de Dieu, on fait le *désespoir*. De là de profondes convulsions sociales... Certes je désire améliorer dans cette vie le sort matériel de ceux qui souffrent, mais je n'oublie pas que la pre- mière des améliorations, c'est de *leur donner l'espé- rance*. Combien de misères bornées, limitées, finies après tout, s'amoindrissent quand s'y mêle une es- pérance infinie ?...

Notre devoir à tous, c'est sans doute de diminuer la misère, mais c'est aussi de faire lever les têtes vers le Ciel ; c'est de diriger toutes les âmes, c'est de tourner toutes les attentes vers une vie ultérieure, où justice sera faite et où justice sera rendue ! Disons-le bien haut : Personne n'aura injustement, ni inutilement souffert. La loi du monde moral, c'est l'équité, Dieu se trouve à la fin de tout ! Ne l'oublions pas et ensei- gnons-le à tous.

Il n'y aurait aucune dignité à vivre et cela n'en vau- drait pas la peine, si nous devions mourir tout entiers.

Ce qui allège la souffrance, ce qui sanctifie le travail, ce qui fait l'homme bon, fort, sage, patient, bienveil- lant, juste, à la fois humble et grand, digne de l'in- telligence, digne de la liberté, c'est d'avoir devant soi la perpétuelle vision d'un monde meilleur, rayonnant à travers les ténèbres de cette vie... Quant à moi, j'y crois profondément, à ce monde meilleur, et, je le déclare ici, c'est la suprême joie de mon âme !

Je veux donc sincèrement, je dis plus, je veux fermement, ardemment, l'enseignement religieux : Je le veux, ayant pour but le Ciel et non la terre... »

VICTOR HUGO,
(*Discours du 25 janvier 1850 à l'Assemblée nationale.*)

Parce que...

Notre société ne peut pas se contenter des simples idées morales telles qu'on les donne actuellement dans l'enseignement superficiel et borné de nos écoles primaires. Nous considérons en ce moment les idées morales telles que les Églises les donnent, et elles sont seules à les donner en dehors de l'école primaire, comme des idées nécessaires.

ÉMILE COMBES,
(*Séance du 25 janvier 1903. Officiel, p. 229-30.*)
(M. Combes était alors Président du Conseil.)

Parce que...

Si on m'avait appris à connaître et à aimer le bon Dieu, je ne monterais pas aujourd'hui sur l'échafaud.

RAVACHOL,
(*Le jour où il fut guillotiné.*)

Parce que...

En dehors de l'idée de Dieu, qui pour moi est une idée fausse, ces grands mots justice, honneur, probité, ne sont que des mots vides de sens. La morale qui m'a été enseignée dans les écoles de l'État est une morale sans fondement.

ÉMILE HENRY,
(*Déclaration au jury des Assises.*)

Parce que...

Il est une règle que j'ai constamment vérifiée et qui

ne souffre pas d'exception ; partout où le christianisme
est vivace, les mœurs se relèvent ; partout où il languit,
elles s'abaissent. C'est l'arbre où fleurissent les vertus
humaines sans la pratique desquelles les sociétés sont
condamnées à périr. On démoralise la France en lui ar-
rachant sa foi.

JOUFFROY.

Parce que...

Le parti radical a substitué aux anciennes sanctions
inscrites dans le catéchisme la peur du gendarme. Or,
cette peur ne suffit pas toujours pour maintenir le
peuple dans la voie du bien.

GÉRAULT-RICHARD,
(*député socialiste. Voir Messidor.*)

Parce que...

Une des raisons de la criminalité est la fin de l'idéal
religieux ; et nul idéal ne l'a remplacé.

BÉRARD,
(*député d'Indre-et-Loire.*)

Parce que...

L'éducation des enfants, qui est la fin suprême et le
suprême devoir de la famille humaine, ne saurait s'accomplir qu'en Dieu et par Dieu.

Quel respect les enfants peuvent-ils avoir pour leurs
parents sur le front desquels ils ne voient pas resplendir
l'auréole divine d'une autorité émanée du ciel ? Un père
et une mère, envisagés dans l'ordre d'idées qu'inspire
l'irréligion, ne sont que les instruments nécessaires et
fatals, aveugles et égoïstes, de la transmission de la vie.
A quoi bon honorer leur égoïsme ? A quoi bon respecter
et aimer leur aveugle tendresse ?

TH. DELMONT,
(*Conférences de 1905 aux étudiants.*)

Parce que...

En déifiant l'homme, on comptait fonder la paix universelle sur la religion de l'Humanité ; on a multiplié, exacerbé les conflits par l'exaltation de l'orgueil et de l'égoïsme.

URBAIN GOHIER,
(*La Race a parlé*, page 224.)

Parce que...

La foi religieuse, même quand on ne la partage pas, est un levier de guerre trop puissant pour qu'un chef commette la faute de l'étouffer.

GÉNÉRAL SARRAIL,
(*Chef de l'Armée d'Orient.*)
(Certes pas suspect de cléricalisme.)

Parce que...

Au milieu des transformations qu'ont subies les choses de ce monde, la nature humaine est restée la même ; le cœur de l'homme n'a pas changé : il renferme les mêmes passions, il éprouve les mêmes émotions devant le danger. Plus qu'aucun autre, l'homme de guerre se sent sous la main de Dieu et a besoin de croire à une autre vie pour accepter virilement l'idée du sacrifice.

Cette croyance, où le soldat trouve un soutien et un réconfort dans ses moments de défaillance, constitue certainement la plus grande des forces morales ; c'est ce qu'ont toujours cru les plus grands hommes d'État et les plus illustres chefs militaires, car ils se sont généralement appliqués à développer et à exalter l'idée religieuse. Quelque sceptiques qu'ils aient pu être, ils n'ont assurément jamais songé à détruire de leurs propres mains le plus puissant de leurs moyens d'action.

Toutefois, ce n'est pas dans les régiments que l'instruction religieuse peut être faite ; on ne peut que leur donner les moyens de remplir leurs devoirs religieux et d'entendre les conseils d'un prêtre. C'est avant leur entrée au service, dans les écoles, qu'on doit commencer l'éducation morale des jeunes gens, leur enseigner le respect des lois, les pénétrer de l'esprit d'obéissance et de discipline, et leur apprendre enfin les vérités fondamentales de la religion, source de toutes les idées élevées où ils puiseront plus tard l'esprit de renoncement et de sacrifice.

GÉNÉRAL BERTHAUT.

Parce que...

Cette petite histoire vous le dira :

Un grand esprit laïque, Littré, fit le jour de la naissance de sa fille une convention avec Madame Littré. « Tu es une chrétienne fervente, lui dit-il, et moi je suis païen. Tu élèveras ta fille selon tes idées, mais à 15 ans tu me la rendras ; je l'éclairerai alors selon les miennes. Jusque-là je ne contrecarrerai pas ton action. Acceptes-tu ? »

C'est promis, répondit la mère.

Quand sonnèrent les quinze ans, celle-ci rappela à son conjoint la promesse et ajouta se dessaisir du gouvernail. — « Pourquoi ? riposta Littré. Pour que je lui inculque mes idées ? Oh ! je m'en garderai bien ! Notre fille est notre joie, notre consolation. C'est un trésor de dévouement et de vertu. Crois-tu que je vais essayer d'ébranler ses convictions religieuses qui nous valent tant de satisfaction ? »

— Parents, quelle leçon pour vous ! Et quelle condamnation contre les misérables qui tuent la foi religieuse dans l'âme des enfants !

Comme nous venons de le voir par les citations qui précèdent, ces philosophes qu'invoque la Libre-Pensée n'ont pas précisément exalté les charmes et avantages d'une société sans Dieu ; ces deux célèbres anarchistes et assassins qu'ont été Ravachol et Henry ont avoué que l'athéisme avait armé leurs bras. Sans religion à la base de l'édifice social, celui-ci est une maison sans fondation vouée à l'écroulement.

Jetons un rapide coup d'œil sur l'Histoire. Sous l'influence des passions déchaînées par l'impiété éclatait la Révolution Française. Le culte de la Raison était proclamé, le règne de la Raison. Ce culte et ce règne se traduisaient par la déraison et le sang. L'échafaud était dressé dans les grandes villes. La guillotine fonctionnait à tours de bras et fauchait des milliers de citoyens le plus souvent respectables. L'Histoire a dénommé cette époque « la Terreur ». Voilà ce que devient une société sans religion. La bête humaine est déchaînée ; elle ne connaît plus d'obstacle à ses mauvais penchants. Et, à notre époque, ne faisons-nous pas encore la triste expérience de ce qu'est une telle société ? Les crimes et les scandales se multiplient partout, et, comme si ce malheur ne suffisait pas, voilà que par surcroît une catastrophe sans précédent est déchaînée : le feu est mis à l'Europe et ailleurs, des millions d'existences sont fauchées, des milliers d'enfants mutilés, des populations jetées dans l'esclavage. Comme quoi, plus les peuples s'écartent de la doctrine chrétienne, plus bas ils tombent. Comme quoi, donner une instruction religieuse à la jeunesse est une nécessité pour la rendre probe, lui inculquer le devoir et, partant, former une génération d'honnêtes gens et de bons citoyens, rendre une nation grande, digne et puissante. Donc, parents, gardez-vous de faillir à votre devoir vis-à-vis de ceux que Dieu vous a donnés. Vous travaillerez ainsi pour eux, pour vous et pour la Patrie. Il faut avoir les yeux bandés pour ne pas le voir, l'intelligence obscurcie pour ne pas le comprendre ou l'esprit dévoyé pour ne pas l'admettre.

Pères et mères de famille, vous n'avez pas le droit de vous désintéresser de considérations aussi graves puisqu'il s'agit de l'avenir et du bonheur de ceux qui sont votre chair et l'espoir du pays. Vous n'avez point la libre faculté de permettre à vos enfants de lire n'importe quoi ; vous n'avez pas davantage celle de les laisser aller ou de les conduire dans les matinées où leur jeune et vagabonde imagination rencontre des dangers, où même leur innocence est déflorée, la vertu ridiculisée, le libertinage célébré, où le cœur s'enivre du vin fumeux des passions.

Pour éviter le cataclysme du dévergondage, vous ne devez laisser ces enfants goûter que les distractions parfaitement hygiéniques pour leur âme. Or, le cinématographe doit plus particulièrement stimuler votre zèle et attirer votre attention parce que c'est l'instrument moderne le plus perfectionné de l'éducation, le moyen le plus parfait de diffusion ; parce qu'il donne merveilleusement l'illusion du mouvement et de la vie ; parce qu'il frappe l'intelligence du premier âge et l'intéresse au plus haut point ; parce que l'enseignement par les vues animées est infiniment supérieur à toutes les méthodes officielles.

Les images d'Épinal, les gravures et livres à l'usage de la jeunesse ne sont pas assimilés avec la même facilité par les petits cerveaux ; il existe une part d'énigme que le bambin ne déchiffre pas. Il feuillette parfois sans ardeur, sans goût, tandis que dans la vue animée il retrouve les êtres et les choses qu'il voit tous les jours autour de lui. Par suite, il comprend mieux et sans fatigue. Il comprend même très bien. Il absorbe ce qui apparaît sur l'écran. L'attention éveillée reste soutenue, l'illusion complète. L'impression reçue se grave avec force. Tout porte.

« Qui a l'école, dit une sage maxime, a l'âme de l'enfant ; qui a l'âme de l'enfant a l'avenir du pays. »

Le cinéma est une école. Et comme c'est la plus habile à enseigner, qu'elle soit donc l'école de la vertu au lieu de rester celle du vice ! qu'elle élève au lieu de rabaisser !

Si le commissaire de police et les pandores tutélaires n'y étaient pas méprisés et... rossés, le principe de l'autorité serait peut-être mieux respecté par les enfants...

Par patriotisme et donc dans l'intérêt de la santé nationale, nous supplions les éditeurs et fabricants de pellicules de ne plus livrer désormais que des films d'une moralité irréprochable, d'en créer pour les écoles de spéciaux d'un délassement agréable et à la portée des petits, les uns amusants et bienfaisants, les autres instructifs donnant l'impression de l'Idéal, de l'Utile et du Beau.

Tour à tour on verrait des scènes de morale gaies ou dramatiques, de belles actions soit religieuses, soit patriotiques, des enseignements simplifiés d'histoire et de géographie, des leçons variées de choses.

Ainsi seraient aidés les parents, prêtres et instituteurs dans leur si lourde tâche éducative ; ainsi seraient évités les défauts contre lesquels il sied de prémunir les enfants ; ainsi seraient développés leur cœur et leur intelligence par des exemples de dévouement et de charité ; ainsi serait montrée, rendue plus facile l'obéissance aux parents et aux maîtres ; ainsi encore serait cultivée la droiture, alimenté l'esprit de devoir, enseigné la foi à la parole donnée ; ainsi enfin serait inculqué le respect dû à la religion, à ses ministres, aux supérieurs, à la patrie, au drapeau.

A titre d'exemple, pour graver la délicatesse de sentiments dans les jeunes cerveaux, on pourrait représenter sur l'écran une belle dame qui se promène dans un jardin public avec son bébé porteur d'un riche jouet. Passerait un enfant pauvre qui regarderait d'un œil d'envie le si beau joujou. La mère inviterait son fils à le lui donner. Bébé s'exécuterait de bon cœur en embrassant son petit frère en Jésus-Christ.

Voulez-vous un autre exemple ? Prenons-le dans le genre héroïque afin d'inculquer à l'enfant l'esprit de dévouement au prochain et de sacrifice à la patrie poussé jusqu'à la mort. On assisterait sur le front à un bombardement intensif de tranchée boche à tranchée française. Un petit soldat de France serait détaché pour porter un ordre. Chemin faisant, il s'affaisserait frappé d'un éclat d'obus. Un aumônier volerait à son secours, le trouverait mourant, lui donnerait l'absolution et le ramènerait sur ses épaules. Et cet aumônier, avant d'atteindre un abri, tomberait à son tour, victime du devoir.

Voilà des spectacles cinématographiques tels qu'ils devraient être offerts au petit monde infantile.

Eh ! la digne, la belle jeunesse dont on doterait la France de la sorte avec le concours indispensable des pratiques religieuses ! Quelle enchanteresse moisson on récolterait !

Hélas, depuis nombre d'années, on suit la voie inverse et le nombre des malfaiteurs précoces ne tarit pas de croître.

CHAPITRE VII

Le Cinéma, l'éducation des masses
et la
vulgarisation des connaissances utiles.

Nous avons vu dans le chapitre précédent qu'il convenait d'utiliser le cinématographe à divertir sainement la jeunesse, à former son intelligence et son cœur, à lui inculquer le devoir, la mettre en garde contre les dangers et l'instruire en la moralisant.

Mais il y a aussi les masses populaires près desquelles le cinématographe devrait jouer le même rôle bienfaisant au lieu de les abêtir et déprimer comme hélas ! il le fait. On se plairait à le voir ranger la morale au premier rang de ses préoccupations et donc cesser de flatter les passions ou les mauvais instincts. On aimerait le voir abandonner l'exhibition d'aventures policières et dégradantes pour y substituer la vulgarisation des connaissances utiles et l'éducation des foules. C'est cette double question-ci que nous allons traiter présentement.

Nous commençons tout d'abord par déclarer
que sous les mots généraux « Éducation et Vulgarisation », nous rejetons du pied la publicité
donnée par les vues animées au reportage criminel, aux procès de cours d'assises, aux exécutions
capitales, aux scandales et à tous faits ne devant
dans l'intérêt social bénéficier d'aucune réclame,
ainsi qu'une quantité d'autres spectacles qui ne
contribuent point à la formation intellectuelle,
scientifique ou sanitaire du peuple, telles les scènes
brutales du match de boxe Johnson-Jeffries fertiles en polémiques soulevées aux États-Unis et en
Angleterre, telles les aventures romanesques
même quand elles ne poussent pas au crime par
l'étalage scandaleux des passions. Non ! ces films
qui embrassent tout et trop ne vulgarisent pas
que les choses utiles à savoir. Ils ne mettent pas
que les connaissances bonnes à la portée du public. Ils ne sont point des instruments d'éducation populaire, mais des outils malfaisants. Et
les éditeurs de ces pellicules sont des ouvriers de
démoralisation.

Par contre, sous les mots généraux « Éducation
et Vulgarisation » nous entendons tout ce qui instruit utilement, sainement et agréablement les
foules dans les divers domaines du savoir : arts,
sciences, littérature, histoire, géographie, religion, archéologie, agriculture, industrie, ethno-
graphie, etc., tout ce qui restaure, épure et assai-
nit le goût du public, tout ce qui est de bon aloi et
collabore à la diffusion du bien, tout ce qui se
transforme en outil de progrès, en instrument de
formation et d'instruction nationales, en appareil

d' « hygiène cérébrale » selon le mot du philosophe Auguste Comte, chef de l'école positiviste.

Dès lors pas de vues anatomiques (de certaines du moins) pour les masses, mais seulement pour les Facultés de médecine et les écoles de sages-femmes, sinon c'est tomber dans la vulgarisation malsaine et nuisible. Mais peuvent et doivent être approuvées ces compagnies qui envoyent des explorateurs à travers le monde pour obtenir des films documentaires sur la flore et la faune de tous pays, sur les travaux d'industrie, panoramas, monuments, forêts, fleuves des diverses parties du monde. Voilà du travail utile grâce auquel le public effectue en imagination des voyages instructifs, grâce auquel les peuples apprennent à connaître leurs richesses, leurs mœurs, leur civilisation, leurs progrès.

Il est une compagnie américaine d'une certaine hardiesse qui, en 1910, organisa une tournée de grande envergure en Californie pour fouiller ce pays pittoresque. La caravane, composée d'acteurs, de machinistes, de metteurs en scène, emporta un matériel considérable et quasi fantastique.

Une autre compagnie américaine, la Vitagraph, dota ses services de deux yatchts munis de télégraphie sans fil et de tout le nécessaire pour développer les négatifs pris en cours de navigation et vérifier les résultats à bord.

Ce sont là des entreprises à la fois grandioses et utiles qui concourent avec efficacité à l'instruction générale sans porter atteinte aux droits de la morale.

L'enseignement par les yeux est le plus puissant qui se puisse concevoir. Par conséquent le cinématographe, grâce à ses vues attrayantes parce qu'animées, est le plus colossal moyen de diffusion, le plus merveilleux appareil de démonstration, le plus précieux instrument d'investigation scientifique.

Sorte d'hypnotisme comme la publicité commerciale répétée à jets continus.

Aussi le Ministère des Finances a-t-il eu bien raison de l'utiliser lors des deux emprunts de la Défense Nationale pour inciter les spectateurs à souscrire.

Les voyages célèbres d'exploration entrepris par le capitaine Scott au Pôle sud, par M. Martel en Abyssinie, par le Duc des Abruzzes, à Bombay et sur l'Himalaya, par le duc de Connaught dans l'est de l'Afrique, par le duc de Montpensier, frère du duc d'Orléans, au Canada, en Indo-Chine et au Japon, ont été scientifiquement fructueux grâce aux vues cinématographiques que rapportèrent ces hommes hardis et dont la valeur documentaire est précieuse.

Nous ne pouvons que souhaiter la continuation et le développement de ces entreprises de vulgarisation de la géographie et autres sciences, et aussi une orientation du cinéma nettement dirigée vers le bien moral, vers les applications des découvertes au commerce et à l'industrie, et, d'une manière générale, vers tout ce qui réunit à la fois le sain, l'agréable et l'utile.

C'est dans ce but que s'est réuni il y a quelques années un congrès à Bruxelles et qu'ont été votés les vœux dont la teneur suit :

I. — Il est désirable que les éditeurs dirigent leurs investigations et orientent une partie de leur production vers les sciences et les applications directes au commerce et à l'industrie ;

II. — Il est désirable que soient entreprises des études sur la psychologie du Cinéma, en vue de donner une base et une direction aux études pédagogiques sur l'enseignement par le cinématographe.

Dans les dispositions prises pour la diffusion du cinématographe dans l'enseignement, il y a lieu d'envisager séparément l'enseignement primaire, secondaire, universitaire, postscolaire et postuniversitaire ;

III. — Il est nécessaire que les pouvoirs publics fassent pénétrer les méthodes d'enseignement cinématographique dans leurs établissements d'instruction à tous les degrés ;

IV. — Les pouvoirs publics devraient aider par des subventions, des prêts d'appareils ou de films, etc..., les communes, les établissements d'instruction générale et populaire qui désirent utiliser le cinématographe pour l'éducation des enfants et pour l'émancipation morale et matérielle du peuple ;

V. — Il serait utile que les hauts organismes administratifs, s'occupant ordinairement de l'orientation des sciences, des lettres, des arts, des méthodes pédagogiques, créassent des conseils spéciaux de perfectionnement dont le rôle consisterait à approuver les films convenant le mieux à l'éducation sociale ou intégrale donnée aux élèves des écoles ou aux adultes fréquentant les œuvres postscolaires ;

VI. — Il est désirable que ces mêmes organismes auxquels pourraient se joindre des commissions composées d'hommes de lettres, de sciences et d'arts, attribuent périodiquement des récompenses aux éditeurs qui présenteraient des films répondant le mieux aux exigences de l'éducation générale ou spéciale (morale, scientifique, littéraire, géographique, artistique, etc.).

VII. — L'industrie cinématographique, dans l'intérêt même de son développement commercial, devrait créer des collections de films d'enseignement d'après les in-

dications que fourniraient des hommes compétents en
matière d'enseignement, instituteurs, professeurs, spé-
cialistes, savants... et mettre en vente un matériel peu
coûteux et aisément transportable ;

VIII. — Il est désirable que toutes les villes organisent
un service d'archives semblable à celui organisé par les
villes d'Anvers et de Bruxelles où l'on corrige avec soin
toutes photocopies simples, stéréoscopiques ou cinématographiques ayant trait à l'histoire et à la transformation de la localité ;

IX. — Il est éminemment désirable de voir les inscriptions, titres et autres inscriptions portés sur les
films de projection de tout genre, être établis à la fois
dans la langue nationale et dans une langue auxiliaire
internationale ;

X. — Le cinématographe devant être assimilé à tous
les spectacles qui s'adressent à des personnes d'âges ou
de goût différents, il y a lieu de composer des spectacles
cinématographiques différents selon le public auquel
ils sont destinés ;

XI. — Les éditeurs sont invités à indiquer sur leurs
catalogues, par un signe conventionnel, les films qui
doivent être recommandés pour les spectacles destinés
à la jeunesse ;

XII. — Il est souhaitable que les exploitants créent des
matinées avec programme spécialement composé pour
les enfants ;

XIII. — Il est désirable de voir unifier par une commission internationale, la terminologie, les unités et
mesures, les systèmes de perforation, les différents éléments interchangeables du matériel cinématographique
et de voir toutes les maisons de construction d'appareils
et de fabrication de films, adopter ces règles d'unifi-
cation ;

XIV. — Il y a lieu d'appliquer à la cinématographie
les règles adoptées par les congrès de documentation
bibliographique et photographique relativement à la documentation générale, et aux échanges internationaux.

XV. — Il y a lieu d'obtenir dans chaque pays, d'un organisme national d'enseignement ou des pouvoirs publics nationaux et provinciaux, que soient réunis, a l'usage d'œuvres d'enseignement :

1° Les articles, revues et publications relatives à l'utilisation didactique, technique et financière du cinématographe ;

2° Les catalogues de films, d'appareils, des collections privées et publiques ;

3° Les règlements d'administration publique relatifs à l'emploi du cinématographe.

Avant de clore ce chapitre, il nous reste à formuler un regret : c'est que la législation française ne procède pas pour les films cinématographiques comme elle opère pour les ouvrages de librairie. Alors qu'aux termes de l'article 3 de la loi du 29 juillet 1881, tout livre doit être déposé aux collections nationales au moment de sa publication, rien de semblable n'existe pour les rubans impressionnés du cinématographe.

Quel est le résultat ?

Celui regrettable que voici : quand un film ne plaît plus, son propriétaire le détruit. Aucune trace ne subsiste parce qu'aucun exemplaire-type n'a été déposé. La nouveauté incite parfois à se défaire de bandes anciennes qui n'ont plus la faveur du public. Ainsi la valeur géographique, artistique ou autre d'une pellicule est définitivement anéantie ; l'intérêt des sciences et des arts est sottement sacrifié. A l'article 3 dont il s'agit devrait donc être faite une adjonction par le législateur pour contraindre au dépôt officiel les films cinématographiques dès leur apparition.

CHAPITRE VIII

Le Cinéma et le service de la Justice.

De ce qu'il faut utiliser le cinématographe pour récréer, instruire, éduquer et moraliser les masses, doit-on pousser son utilisation jusqu'à en permettre l'emploi à la police et à la magistrature, tant comme moyen de recherche des délits ou des crimes que comme moyen de preuve ?

Jusqu'ici rien n'a été fait dans ce sens en France ni à l'Étranger. Et l'inaction semble heureuse, le film étant un témoin dangereux, ainsi qu'on le verra ci-après.

Mais si le cinéma n'a pas été adopté officiellement dans le service de la police ou dans celui de la Justice, il existe en certains pays étrangers des tendances marquées.

C'est ainsi qu'à Berlin le Procureur Général Guillaume Bittermann a publiquement émis l'opinion, après étude approfondie de la question, que le témoignage des cinématographes pouvait être accepté par la magistrature et devrait être reconnu par la loi.

A Berlin également, lors des émeutes de 1910, le Préfet de Police imagina d'installer deux cinématographes pour connaître les agitateurs à l'aide de films indéniablement impressionnés, et, dès lors, susceptibles de l'éclairer dans ses recherches.

A Prague, le C¹ ef de Police utilisa le cinéma pour la découverte de malfaiteurs.

Ce sont là, nous le répétons, des tendances marquées.

En France, policiers, juges d'instruction et procureurs n'ont pas encore eu la hardiesse de certaines autorités de Prusse et de Bohême. Franchement on ne peut que les en louer. C'est qu'en effet le cinématographe, entre les mains de policiers sans scrupule ou de juges d'instruction sans conscience et animés de l'esprit de parti, se transformerait en un instrument extrêmement dangereux qui serait employé, le pot de vin aidant, à perdre un innocent que la vengeance, la politique ou quelque autre bas mobile aurait intérêt à faire passer pour coupable. D'autre part, le jour où le cinéma ferait preuve en Justice, que d'abus seraient commis ! Que d'atteintes seraient portées à la liberté individuelle ! Enfin, non moins écœurantes que les fiches militaires d'André, général des casseroles et Roi des francs-mouchards, seraient les fiches cinématographiques qu'on ferait tromper et mentir à plaisir. Rien n'est plus simple en effet que le truquage des films et la Police secrète pourrait se muer en équipe d'opérateurs... Très intéressant J. Rosen quand il révèle les trucs. Ah ! quand on l'a lu, comme on perçoit bien clairement quel danger réel il y aurait à utiliser le cinématographe dans la police et le service de la Justice !

Citons donc ses révélations sur le truquage.

Les scènes qui se « tournent » à l'atelier sont assurément les plus faciles à composer. Celles qui se passent en plein air se heurtent, au contraire, à des difficultés sans nombre et exigent de la part des artistes une adresse, un sang-froid remarquables et souvent même de la bravoure et du courage.

Témoin cette scène de l'*Enlizement* qui reproduit l'enlizement authentique d'une jeune fille. Là, pas de trucs ; l'artiste s'est réellement avancée sur la plage mouvante et s'est laissé enlizer peu à peu. Des opérateurs sont là, tout auprès, qui se précipiteront à son secours en cas d'alerte, mais pas avant qu'elle soit entrée dans le sable jusqu'au niveau des épaules.

D'autres drames où l'on voit des chasses à l'homme effrénées, où des cavaliers gravissent des pentes abruptes, tandis que le fuyard, par des efforts de souplesse vraiment inouïs, se laisse glisser de roc en roc, le long d'une falaise, au risque de tomber dans le vide, sont également des scènes réellement vécues et qui sont jouées par les rois de l'acrobatie et par d'admirables cavaliers. Généralement ces films proviennent d'Amérique et ont eu pour interprètes des Cow-Boys, des Indiens, auxquels se mêlent les artistes des troupes américaines.

Mais à côté de ces scénarios très émouvants ou très drôles, obtenus par des moyens périlleux d'après nature, que de trucs ont été imaginés ! Et nous ne parlons pas seulement des scènes de féerie au cours desquelles on voit se renouveler toutes les illusions de mise en scène qui ont fait le succès des pièces à grand spectacle, aux ingénieux accessoires, du théâtre du Châtelet ; nous ne parlons pas non plus des trucs chers à Robert Houdin, aux spirites et aux prêtres hindous, aux brahmanes et aux fakirs qui n'ont qu'à renouveler leurs sacrifices et leurs invocations devant la pellicule de l'opérateur pour produire des scènes illusionnistes d'un effet saisissant.

Nous voulons parler ici des trucs inhérents à la cinématographie, des effets drôlatiques qui s'obtiennent par la photographie du mouvement, grâce à d'ingénieuses combinaisons.

Quelques-uns de ces trucs sont gardés jalousement secrets par les établissements qui les inventent ; d'autres, au contraire, sont d'un usage courant, et la presse les a divulgués à plusieurs reprises, notamment l'Illustration et la Nature.

Voici, par exemple, un cambrioleur qui grimpe comme une mouche sur les murs d'une maison. En réalité, la maison a été figurée par un décor posé comme un tapis par terre et l'artiste grimé en cambrioleur n'a eu qu'à marcher à quatre pattes, sur le décor, suivi d'autant de figurants et d'animaux que l'exige le scénario, cependant que l'opérateur ayant placé son appareil en l'air, l'objectif tourné vers le sol, faisait tourner la manivelle à la vitesse requise de deux tours à la seconde.

La chute d'un corps dans l'eau s'obtient de la même façon. Comment a-t-on pu le cinématographier, traversant les nappes d'eau, parmi les plantes marines et les poissons qui s'agitent ? C'est tout simple.

On a d'abord été impressionner la pellicule devant un aquarium peuplé de poissons, d'algues, pour donner l'illusion de la vie aquatique.

Puis, l'appareil a été transporté sous les frises du théâtre, l'objectif tourné face à terre, comme tout à l'heure. En bas, sur la scène, on a disposé un décor de toile où sont peintes des algues, des méduses, des astéries ; alors, l'artiste s'est étendu sur ce décor et s'y est roulé comme un enfant sur l'herbe, faisant des effets de bras et de jambes, tandis que repassait devant l'objectif de l'appareil le film où les poissons agissants dans l'eau avaient été cinématographiés. On conçoit facilement que grâce à cette surimpression, les spectateurs auront l'illusion absolue d'une femme tombant d'une chute molle aux abîmes, en se débattant, en évoluant comme dans un remous.

Et comment obtient-on ces vitesses folles, ahurissantes, vertigineuses qui semblent tenir du prodige ? C'est par exemple une voiture à âne qui ira plus vite qu'une automobile, c'est le cheval bourré d'avoine qui s'emballe et semble voler comme l'éclair tant il court, c'est encore la chasse à l'automobile qui s'effectue en zigzags parmi les arbres d'un quinconce à une allure impossible ! Comment fait-on tout cela ?

En réalité, l'âne, le cheval, l'automobile, les personnages de la scène, évoluent à une vitesse relativement très ordinaire. Mais, une fois le film obtenu, on a, de distance en distance, coupé sur la bande, adroitement recollée, un certain nombre d'images, si bien qu'un mouvement qui a donné lieu à la prise de vue de cent images par exemple, se trouve, à la projection, reproduit seulement par 20 ou 25 images ; il s'effectuera par conséquent en cinq fois moins de temps ; d'où ces vitesses que l'on obtient pour la plus grande joie des spectateurs.

S'agit-il d'obtenir, au contraire, des vitesses à reculons, comme par exemple, cet omnibus courant à reculons au grand trop de trois chevaux, ou bien ces potirons qui s'évadent de la charrette de la marchande et remontent, à une vitesse inimaginable, une côte en pente rapide pour sauter ensuite, à l'entresol d'une maison et continuer leur course à rebours dans des conditions aussi fantastiques ? En réalité, l'omnibus allait en avant, droit son chemin et les cucurbitacées descendaient la côte au lieu de la remonter, de même qu'on les avait jetées par la fenêtre de l'entresol vers lequel elles semblaient s'élancer.

L'illusion est obtenue par ce fait que la pellicule cinématographique a été impressionnée en sens contraire ; on a inversé le mouvement, tantôt à la prise, tantôt à la projection suivant l'effet qu'on veut obtenir, et c'est ainsi que les spectateurs assistent à des scènes cocasses comme celles que nous venons de relater.

D'autres effets très curieux sont obtenus au moyen de substitutions par arrêt de l'appareil. C'est ainsi qu'on obtient la métamorphose d'un personnage ou d'un objet ; entre la cinquantième image, je suppose, et la cinquante et unième, il y a eu un arrêt qui a permis au personnage de changer de costume ou bien aux machinistes de substituer un objet à un autre. Les apparitions de visions, les transformations des fées, les fleurs d'où naissent des femmes sont réglées de cette façon.

De cette façon aussi est réglée la scène désormais classique dite du *Bon écraseur*, où l'on voit un ivrogne tomber sur la chaussée au milieu de laquelle arrive à toute vitesse une auto qui coupe net au-dessus du genou les jambes de l'ivrogne. Le mutilé se redresse, ramasse ses jambes, court en sautillant après l'auto, l'appelle, et le conducteur arrête sa voiture et lui remet ses jambes comme il réparerait un pneu.

Voici comment on a opéré :

Le cinématographe a d'abord enregistré l'arrivée de l'acteur ingambe, jouant l'ivrogne et tombant sur le chemin, puis, pendant un arrêt de l'appareil, on a substitué au dormeur un cul-de-jatte qui s'est couché de la même façon que l'acteur et que l'on a complété par des fausses jambes. L'auto arrivant sur le cul-de-jatte a séparé les fausses jambes faites de bois et d'étoupe

La recollation s'est opérée par une nouvelle substitution de l'acteur au cul-de-jatte pendant un second arrêt de l'appareil enregistreur.

Les deux personnages, est-il besoin de le dire, sont auparavant soigneusement grimés de façon à rendre leur ressemblance aussi parfaite que possible.

Il y a aussi le truc du *Monsieur aimanté*, qui porte une cotte de maille, sous ses vêtements ; par malheur, la cotte de maille est aimantée, en sorte que tous les objets en métal viennent s'accrocher sur ses épaules, les brocs de lait des fruitières, les plateaux des garçons de café, les enseignes des coiffeurs et jusqu'aux plaques des égouts qui se soulèvent sur son passage, le poursuivent et s'attachent à lui. Un réverbère même s'abat sur lui tandis que deux égoûtiers s'acharnent à le débarrasser de la plaque d'égoût.

Cette fois, ce sont des films invisibles, savamment agencés, et manœuvrés avec dextérité par les machinistes ou par l'acteur revêtu de la cotte de maille, qui produisent toutes ces étrangetés. La plaque d'égoût est truquée en bois, le réverbère aussi.

De même, le *Lit à roulettes* qui marche tout seul, au milieu de la rue, emportant le pauvre locataire expulsé de son domicile, est tout simplement poussé en arrière, par deux hommes, de carrefour en carrefour, et c'est, comme dans la plupart de ces scènes drôlatiques, l'intervention de la foule, amusée et non complice, des badauds, qui apporte au scénario l'élément de gaieté le plus inattendu et le plus réaliste qui soit.

Il y a aussi l'emploi de ce que l'on appelle en terme photographique le *fondu* pour les apparitions graduées de personnages ou d'objets, ou encore pour leur évanouissement. Les images sont obtenues par l'ouverture ou la fermeture progressive du diaphragme manié habilement par l'opérateur, devant l'objectif de l'appareil.

S'il s'agit d'une disparition, on laisse l'acteur ou l'objet en place et on l'efface graduellement à l'aide du fondu ; pendant cette opération, les personnages qui sont sur la scène demeurent immobiles, c'est l'affaire de quelques secondes, et le scénario reprend une fois l'extinction complète du sujet qui disparaît. Pour une apparition, le mouvement est double ; d'abord un temps de pose pendant lequel l'opérateur ferme graduellement l'objectif tout en continuant à tourner la manivelle de l'appareil ; puis l'artiste qui joue le rôle de l'apparition se place sur la scène ; alors l'opérateur, retournant la manivelle à l'inverse, fait revenir la bande au point où elle était avant la pose, puis il rouvre graduellement le diaphragme et l'apparition s'imprime progressivement sur la bande déjà impressionnée.

On opérera de même pour l'apparition de tous les autres personnages, s'il s'agit, par exemple, de faire sortir peu à peu d'un buisson de fleurs un essaim de danseuses.

La substitution d'une apparition à une autre s'obtiendra aussi par une combinaison de fondus qui permettront aux visions de s'évanouir et de se métamorphoser.

Nous n'en finirions pas s'il fallait énumérer tous les trucs de mise en scène et tous les artifices photographiques qui permettent de réaliser bien simplement les illusions les plus invraisemblables de nos rêves, les fantaisies les plus abracadabrantes de nos imaginations.

Voici pourtant encore un des procédés en usage dans la Cinématographie pour obtenir ces étranges scènes où nous voyons des fous se lancer par une fenêtre, s'envoler en culbutant les cheminées des usines ou les clochers, filer dans les airs, traverser les nuages et se perdre dans l'infini comme se sportsman skieur dont l'odyssée est si curieuse

Pour obtenir ce film, il faut deux opérations. Dans la première, on enregistre l'éboulement d'un bâti en forme de cheminée d'usine ou de tour ; parfois même on reproduit la scène véridique de l'abattement d'un arbre ou d'une démolition.

Une seconde bande est prise où, seul, l'acteur évolue en scène devant un rideau donnant un fond neutre et n'impressionnant que très peu la pellicule. Au tirage, on superpose les deux bandes négatives l'une à l'autre, et l'on obtient un positif où l'artiste a vraiment l'air de culbuter la cheminée.

Quant à la fuite dans les nuages, elle s'obtient en passant une première fois, très faiblement, la bande devant un ciel nuageux, et en enregistrant ensuite à la pleine lumière, sur cette bande, les évolutions de l'artiste placé devant un fond neutre.

Un nombre indéfini d'effets peuvent être obtenus de la sorte, par ces combinaisons à la fois ingénieuses et simples ; de même que, pour les scènes antiques, moyen-âgeuses ou romantiques, de réelles sensations d'art sont produites, l'évocation des âges disparus est facilement obtenue en faisant jouer les scènes destinées à être cinématographiées dans les lieux mêmes où le librettiste les a situées, au Mont-Saint-Michel, à l'ombre de nos vieux châteaux historiques, dans les ruines des arènes antiques.... De cette façon, le décor est véridique, et le jeu des personnages, costumés et grimés selon les époques, achève de donner à cette reconstitution du passé, un caractère artistique auquel le théâtre, avec ses décors de toile et ses escaliers de bois ou de carton, ne peut prétendre aussi complètement.

Il nous est donné de lire par ailleurs, sur le truquage des films, un fait qui fortifie notre thèse sur le rejet de l'industrie cinématographique comme auxiliaire du Service de la Justice.

Il s'agit d'un film représentant un poupon atteint du croup. Chacun devine la difficulté qu'ont dû surmonter les opérateurs. Comment ont-ils bien pu faire jouer à un bébé une scène de cette terrifiante maladie ? Nous apprenons que l'obstacle a été facilement vaincu. Grâce à un ruban couleur chair qui est noué autour du cou de l'enfant et ne se voit pas, on agace le patient, on le met en colère. Le petit brimé porte alors les mains à son cou, grimace, se livre à des contorsions. L'appareil obtient de la sorte l'illusion d'une attaque de croup. Ingénieux, n'est-ce pas ?

Au début de l'année 1917, une Dame française évacuée, domiciliée à Roubaix, a divulgué un fait intéressant qui, comme les révélations précitées de Rosen, et à l'instar de l'exemple précédent, démontre jusqu'à quel point sont parfois truquées les vues cinématographiques, et, par suite, le peu de foi qui leur est due en certains cas. Rapporter le fait à notre tour, c'est consolider encore notre thèse, c'est montrer à nouveau quel danger social il y aurait dans l'usage ou l'emploi du cinématographe par la Police et par la Magistrature.

Quel est ce fait ? Très simplement celui-ci en sa perfide machination :

Certain jour l'Autorité Militaire allemande placarda un appel à la population pour la convier à assister à une cérémonie funèbre en l'honneur des morts de toutes les armées belligérantes. Rien là que de très naturel et de très acceptable. Après les pompes religieuses et les prières : les discours pour mettre fin. Un officier supérieur Boche prit la parole, exalta la beauté de l'hommage rendu aux victimes de la guerre et déclara : « Cessons de nous considérer comme ennemis. Unissons-nous dans un même sentiment. »

Ce disant, il saisit la main de l'ecclésiastique français près duquel il s'était placé. Et il affecta de la presser chaleureusement dans la sienne à la grande stupéfaction de ce prêtre ahuri...

Au même moment un cinématographe fonctionnait...

Il s'agissait de prendre un film à l'usage des pays neutres !

CHAPITRE IX

Le Cinéma et les initiatives privées pour le reformer.

~~~~~~~~~~

Le fabuliste grec Esope, avant d'être affranchi, était un esclave au service de Xanthus. Son maître ayant invité des convives, recommanda à Esope d'acheter au marché ce qu'il y aurait de *meilleur*. Ésope n'acheta que des langues et en fit plusieurs plats qu'il accommoda différemment. Les convives s'en dégoûtèrent et s'en plaignirent.

« Eh ! s'écria Ésope, qu'y a-t-il de meilleur que « la langue ? C'est le lien de la vie civile, la clé « des sciences, l'organe de la vérité et de la rai- « son. Par elle on bâtit les villes et on les police, « on instruit, on persuade, on règne dans les as- « semblées ; on s'acquitte du premier de tous les « devoirs qui est de louer les dieux. »

« Eh bien ! riposta Xanthus pour l'embarrasser, « demain tu retourneras au marché, mais, cette « fois, tu achèteras ce qu'il y aura de *pire*. »

Ésope n'acheta encore que des langues !

Et il les accommoda, comme la veille, à toutes les sauces.

« La langue, déclara-t-il, est la pire chose qui
« soit au monde. C'est la mère de tous les débats,
« la nourrice de tous les procès, la source des di-
« visions et des guerres. Si elle est l'organe de la
« vérité, elle est aussi celui de l'erreur, et, qui
« pis est, de la calomnie. Par elle, on détruit les
« villes. Si, d'un côté, elle loue les dieux, de
« l'autre elle est l'organe du blasphème et de l'im-
« piété. »

Ainsi, le premier jour, la langue était la source
de tous les biens, et, le lendemain, la source de
tous les maux ! Chaque fois Ésope avait raison.

Quelques années après, affranchi, Ésope recueil-
lit dans une fable cette circonstance de sa vie.
L'apologue, rédigé en prose grecque, est resté célèbre. *Les langues d'Ésope* sont passées en littérature dans le domaine de la critique. Elles désignent
encore de nos jours ce qui peut être envisagé sous
deux angles différents, autrement dit à deux points
de vue opposés.

Or, le cinématographe, selon les images qu'il
sert aux spectateurs est, comme les langues
d'Ésope : ce qu'il y a de *meilleur* ou ce qu'il y a
de *pire*. Donc arme à deux tranchants, comme la
presse. Véhicule des bonnes ou mauvaises idées.

Et précisément parce que cet instrument merveilleux est plus souvent immoral que moral, per-
vertisseur qu'éducateur, des initiatives privées sont
écloses pour le rénover et, partant, pour protéger
l'esprit, la morale et l'ordre public menacés.

Nous saluons avec déférence les auteurs de ces initiatives fécondes. Nous admirons ces hommes dévoués au bien public qui, non contents de tendre leurs efforts à détourner du mal, chasser le mensonge et l'erreur, empêcher le poison de s'infiltrer dans le corps social et de le déminéraliser, estiment n'avoir pas assez fait s'ils n'ont pas mené de front d'autres et parallèles efforts pour faire aimer le bien et proclamer la vérité intégrale. Vaste terrain d'action patriotique et combien fécond ! Œuvre sublime mise au service de l'assainissement social et où sont employés l'activité, le dévouement, les sacrifices !

Nous avons signalé dans le chapitre 5 cette œuvre chrétienne admirable qu'est à Paris le « Bon Théâtre », où on s'est donné la mission de moraliser, d'éduquer et d'instruire pour contrecarrer l'action de ces multiples établissements cinématographiques dont le but est de gagner de l'argent en pervertissant, dont l'action est mortelle sur la race. Nous constatons la grandeur morale de cette œuvre et n'avons qu'un regret : c'est qu'elle ne soit pas connue davantage. Comme elle est trop belle pour rester ignorée, comme elle vise le bien des âmes, nous estimons de notre devoir de lui apporter l'humble publicité que lui fera la diffusion de notre livre. Ajoutons, pour les âmes charitables, que les dons sont reçus par M. le Directeur du *Bon Théâtre*, 12, rue Berton, Paris.

Dans le chapitre 6, nous avons signalé aussi ces explorations hardies qui ont eu pour objectif de servir à la diffusion et à la vulgarisation des connaissances géographiques, archéologiques, artistiques, etc... relatives aux pays lointains. Et nous avons cité les vœux du Congrès de Bruxelles tendant à faire rendre au cinématographe ce qu'on est en droit d'attendre de lui.

Ce sont là autant d'heureuses initiatives privées pour le réformer.

Nous signalons aussi une conférence faite le 13 janvier 1917 au siège de la Ligue Française de l'Enseignement par M. Benoît Lévy, conférence au cours de laquelle ont été développés des films historiques et scientifiques dans le but de faire contraste avec les films criminels. Le conférencier a assuré que le Ministère de l'Intérieur seconderait ces efforts de rénovation. Applaudissons.

Nous indiquons également une heureuse initiative prise par les agriculteurs de l'Isère en janvier 1917. Nous la cueillons dans l'*Œuvre* (N° du 20 dudit mois).

Au cours de l'assemblée générale des syndicats agricoles de l'Isère qui vient de se tenir à Grenoble, les cultivateurs n'ont pas voulu se séparer sans émettre un vœu, motivé, contre certains spectacles cinématographiques.

Ils regrettent que cet excellent instrument d'éducation risque, « par la représentation constante de films policiers où le vice, le cambriolage, l'assassinat s'étalent dans toute leur cynique laideur », de devenir « un véritable facteur de démoralisation, d'autant plus dangereux et néfaste que de semblables spectacles sont régulièrement suivis par les jeunes gens de la ville et de la campagne, peu enclins souvent, par l'inexpérience de leur âge, à faire la part de la fiction ».

Il importe, disent les paysans de l'Isère, de « faire cesser au plus tôt des exhibitions qui sont généralement, d'autre part, un défi intolérable au bon sens, au bon goût, à l'art lui-même ».

Il convient également que « la pensée des jeunes de l'arrière ne soit pas détournée de la noble destination que lui offre le spectacle splendide de nos soldats, accomplissant, eux, de « véritables exploits ».

« Le pays, après la guerre, poursuit la Fédération des syndicats agricoles, aura besoin d'une jeunesse au moral sain et vigoureux, susceptible d'entreprendre avec succès l'œuvre sacrée de rédemption que lui auront confiée nos héros, but que compromettrait fatalement une tolérance plus longue des Pouvoirs Publics, à l'égard de déplorables exhibitions susceptibles de former, comme on l'a fort bien écrit, « des bataillons d'apaches ».

En conséquence, les agriculteurs du Dauphiné ont émis le vœu :

« Que le gouvernement décrète que, le plus rapidement possible, les maires de chaque commune réuniront une commission de contrôle des spectacles cinématographiques, avec mission de s'opposer, le cas échéant, à la représentation de films policiers ou démoralisateurs, ou bien interdise d'une façon absolue aux mineurs de 18 ans, d'assister à de semblables exhibitions. »

On apprécie de plus en plus à leur juste valeur les *Cercles rouges* et les *Masques aux dents blanches*.

Une délégation des sociétés de moralité publique, de protection et sauvetage de l'enfance est allée entretenir M. le Ministre de l'Intérieur, sur les entreprises cinématographiques et l'a prié de donner des instructions aux Préfets pour conjurer le péril. Son Excellence s'est bornée à répondre que le droit d'intervention appartenait aux maires. En conséquence, elle s'est abstenue d'agir contrairement à son devoir, car le gouvernement a aussi pour mission d'intervenir par ses Préfets.

Le journal *la Suisse* (n° du 28 février 1917, dont nous sommes redevables à de bons amis) a inséré cette note relative à la censure des films et qui montre que chez notre voisin les pourvoyeurs de spectacles ont pris l'initiative d'un contrôle :

Réunie à Zurich, l'assemblée générale de l'Union suisse des industriels intéressés dans l'industrie du cinématographe a décidé, à l'unanimité, déférant aux vœux des autorités, de créer une censure des films. Une commission de censure intercantonale ou fédérale, fonctionnant avec la collaboration des autorités compétentes, serait instituée d'accord avec le Syndicat suisse des loueurs de films. Elle examinerait les films au point de vue de la neutralité et de la morale. Les décisions de cette commission lieraient les membres de l'Union.

Nous sommes heureux maintenant d'offrir aux lecteurs, au sujet des initiatives privées pour la réforme du cinéma, le substantiel article d'un grand Français dont l'action bienfaisante dans notre pays est de notoriété publique. Nous nommons M. Henri Joly, de l'Institut.

Dans son numéro du 5 novembre 1916, la *Croix* prévoyait la recrudescence prochaine des représentations théâtrales en général, et, en particulier, celle des séances ue cinématographie. Elle attirait l'attention du public sur les périls qui allaient de nouveau en sortir, et elle demandait aux familles de redoubler de vigilance pour en préserver les imaginations, les sens, l'âme de leurs enfants.

Je suis heureux de pouvoir le dire un des premiers. La *Croix* ne sera pas seule à renouveler ce vœu si utile : elle ne sera pas seule à essayer les moyens qu'on aura jugés assez efficaces pour parer à ce grand mal. Il se fonde, en ce moment même, un Comité d'hommes dévoués et compétents dont la mission sera précisément de lutter contre le mauvais cinématographe et de favoriser le bon.

C'est qu'en effet l'invention qui passionne en ce moment tant de gens est comme beaucoup d'autres. A côté de l'usage, il y a l'abus. A côté des usages douteux, simples distractions pour les oisifs et les rêveurs et pour ceux qui ne savent, à de certains jours, quoi faire de leur temps, il y a le cinéma qui, par des tableaux vraiment intéressants et vraiment remarquables, fait honneur à la science et à l'art de notre époque. A cet égard, on peut concevoir des ambitions très hautes. Les films venus d'Italie et qui nous ont représenté les faits principaux de la campagne du Trentin étaient de merveilleux modèles, pleins d'enseignements pour la gloire de l'armée qui y figure, pleins aussi de leçons utiles pour tous ceux qui ont besoin de savoir ce que c'est que la guerre d'aujourd'hui.

Ajoutez-y le charme incessamment renouvelé de ces audacieux paysages où à la magie de l'art s'unit si sûrement le respect de la réalité. De tels chefs-d'œuvre méritent d'être encouragés. Le nombre en a été grossi par des représentations telles que sont, me dit-on, celles de *Quo vadis* et de *Jules César*. On annonce maintenant la mise en films de certains des romans de Paul Bourget, de ceux qui sont venus rappeler à la dernière génération toutes les responsabilités encourues par les matérialistes et les sceptiques. Si les traducteurs et compositeurs savent éviter quelques détails scabreux et transformer en choses vues, en successions et en groupements de mouvements, ces pathétiques leçons, ils nous donne-

ront à applaudir de beaux et bienfaisants spectacles.
Puis, comme, à côté des plus brillantes œuvres d'art, on
a le droit de réclamer une place pour les naïves images
de la piété populaire et plus encore pour les représentations des scènes de l'Évangile, de la vie de l'Église et des
pompes de sa liturgie, les projections lumineuses, si
bien organisées par la Bonne Presse, ont ici aussi à jouer
un rôle bienfaisant. Rien n'empêche, d'ailleurs, que les
chefs-d'œuvre de nos musées ne s'y insèrent de manière
à satisfaire les délicats tout comme les autres.

Malheureusement il y a la contre-partie. Il y a les
représentations qui, sous prétexte d'émouvoir la pitié,
la paralysent par la terreur malsaine de leurs images :
il y a le mouvement qui entraîne des natures faibles et
agitées dans le vertige de scènes criminelles. Je ne parle
pas des représentations à 100 et à 150 francs la place,
réservées aux invitations individuelles. Inutile d'insister.

Le remède au mal est, en principe, tout indiqué. On
ne combat le laid que par le beau ; on ne chasse la petite
littérature que par la grande ; on ne réprouve le syndicalisme socialiste et révolutionnaire que par la pratique
du syndicalisme catholique ; on ne décourage le vice que
par la joie intégrale de la véritable famille. De même,
on assurera la victoire du bon cinéma sur le mauvais
en rendant le premier tout aussi attrayant — je me
trompe — plus attrayant que le second, il lui suffira
d'en appeler, non plus aux nerfs et à la peau, mais à
l'esprit et l'harmonie d'une imagination instruite de
tout ce que la justesse des proportions, le respect des
convenances et le sens de la délicatesse dans le courage
lui réservent de jouissances supérieures. Ceux qui se dé-
fient de l'art ont tort ; mais il faut le chercher là où il
est. Il n'y a d'art ni dans les polissonneries des guin-
guettes, ni dans les niaiseries de certaines compositions
trop dépourvues de vie et de vérité, ni dans le spectacle
de violences où la brute règne en maîtresse.

Sans doute, nous ne devons pas nous livrer à l'art
sans réserve. Ne croyons pas qu'il suffise d'avoir de lui
une satisfaction d'ensemble, et craignons toujours que
de ce qui est exprimé correctement, magnifiquement
même, et de ce qui est dangereusement sous-entendu,

ce ne soit le second qui soit préféré au premier. Mais, en général, tout ce qui grandit ennoblit et tout ce qui rapetisse avilit : ce n'est ici que répéter deux fois la même chose.

Tout ceci est pour dire que des hommes considérables, des artistes renommés, des écrivains célèbres, des hommes de doctrine et de poids préparent en ce moment même une action collective pour les cinémas artistiques et moraux contre les autres. Quels moyens emploieront-ils ? Se borneront-ils à donner aux monteurs de ces entreprises des indications faisant d'eux-mêmes comme des collaborateurs bénévoles ? Donneront-ils à ces représentations désirables l'aide de leur publicité ? Tout cela serait assurément bon. Il serait également bon qu'agrégés, d'une manière ou de l'autre, à des Comités préexistants, comme le Comité de protestation contre la licence des rues, ces hommes groupassent des efforts nouveaux en vue d'agir sur les autorités, sur les maires (de qui dépend la police des spectacles). Peut-être aussi serait-il à propos de donner une secousse de plus à l'inertie de la magistrature qui s'obstine dans l'insoutenable étroitesse de certaines de ses définitions juridiques, telles que celles d'obscène, de licencieux, de contraire aux bonnes mœurs. Mais, par-dessus tout, il faut agir sur les familles et sur le public tout entier ; sans leur concours franc, actif et courageux, il n'y a pas d'illusion à se faire ! On trouvera toujours une élite prête à dénoncer le péril, on ne trouvera ni la résistance ni l'entente qui sont nécessaires pour le conjurer. Il en est ainsi, d'ailleurs, en tout ordre d'idées et en tout ordre de faits.

Voici maintenant l'extrait d'une lettre de Jean Carrière au directeur d'un journal parisien :

Le cinéma peut faire du mal, il peut faire du bien. Dès lors, impossible de s'en désintéresser, et notre tâche est toute tracée : il faut l'empêcher de faire du mal, il faut l'obliger à faire du bien.

Or, comment empêcher le mal et susciter le bien ? Par le contrôle vigilant de l'opinion, par l'exaltation désintéressée de tout ce qui est beau et noble, par la fustigation sincère de tout ce qui est vil, bas ou laid.

— Mais, nous diront les malins et les tièdes, quel thermomètre infaillible avez-vous donc pour juger du mal et du bien ?

Un thermomètre bien simple et à la portée de quiconque se donne la peine d'observer : l'effet produit sur le peuple. Il n'est plus aujourd'hui, dans la plus reculée brasserie d'esthètes, un seul être vivant et respirant qui puisse encore soutenir la théorie antédiluvienne de l'art pour l'art. Nous savons tous que l'œuvre d'art, par le seul fait qu'elle prend contact avec les hommes, influe immédiatement sur leur cerveau et sur leur cœur. Mais de toutes les œuvres d'art, plus que la poésie, plus que la peinture, plus que le roman, plus que la musique même, la plus agissante, c'est l'œuvre théâtrale. Il y a, de la scène au spectateur, un fluide direct dont les effets sont irrésistibles. Que si l'œuvre est animée d'un souffle large et puissant, si elle respire l'héroïsme, si elle fait vivre devant nous des êtres de courage et de beauté, nous en sommes nous-mêmes exhaussés. Que si, au contraire, l'œuvre est imprégnée de miasmes maladifs ou putrides, si elle ne remue devant nous que des pensées basses et des caractères veules, nous en sommes amoindris. Nous sortons plus beaux et meilleurs du *Cid* ou de *Polyeucte ;* nous sortons avilis d'avoir entendu tel drame contemporain. Nous avons donc au théâtre un critérium absolu : c'est que l'auteur fait œuvre bonne quand il exalte la vaillance et l'héroïsme ; il fait œuvre mauvaise quand il se complaît dans l'atmosphère pourrie des âmes troubles et malsaines.

Eh bien ! ce qui est vrai pour le théâtre l'est dix fois, cent fois plus pour le cinéma. Là où le théâtre n'atteint qu'un public relativement restreint, et parfois une élite, le cinéma pénètre jusqu'au plus profond de la société : tel film que nous voyons tourner aujourd'hui sur le Boulevard sera demain dans les faubourgs ; dans huit jours, il roulera de village en village ; dans quelques mois il passera devant les nègres du Zambèze ou les Indiens du Mississipi. Bien plus : là où le théâtre peut atténuer ou modifier les effets de l'action par les nuances et les souplesses du verbe, le cinéma, impitoyable et muet, tombe sur nos yeux et sur nos nerfs avec toute la brutalité de son implacable silence. De telle sorte que son effet est décuplé en chacun de nous, et centuplé par sa reproduction dans la foule.

Voilà pourquoi votre campagne est des plus heureuses, et touche la question sociale jusque dans le fondement même de la moralité publique. Voilà pourquoi, moi aussi, dans mon humble coin, je me suis intéressé ardemment à cette puissance nouvelle, si souvent aveugle, que notre absolu devoir est d'éclairer. Car de vouloir supprimer le cinéma ce serait aussi fou que de supprimer le pain. Le peuple veut du divertissement. Il en a besoin. Il irait au marchand de vin ou même ailleurs, si on lui enlevait les spectacles. Donc, ne pouvant supprimer une force grandissante, faisons qu'elle soit un bien public. Empêchons et combattons de toutes nos forces les spéculations sans art du cinéma populaire, les films de basse ou de haute pègre, et toutes ces écoles du vice ou de pourriture que ne vient purifier aucun souffle d'idéalisme sauveur. Aidons et favorisons, au contraire, les œuvres qu'animent l'amour de la beauté plastique, l'effort vers l'idéal, l'exaltation réconfortante des héros.

... Hélas ! mon cher ami, je touche au point le plus douloureux de la question qui nous préoccupe. Pourquoi faut-il qu'à quelques exceptions près, quand nous voulons citer des exemples, il nous les faille prendre ailleurs que chez nous ? Certes, vous savez assez quelle est ma sympathie prouvée pour l'Italie, pour ne voir dans mes paroles aucune amertume à son égard. Je ne suis pas jaloux des chefs-d'œuvre que produit l'art italien ; mais je suis désolé que nous n'en fassions pas autant, car nous le pouvons. Pourquoi nous sommes-nous laissé ravir la primauté d'un art que nous avons inventé et répandu ?

Mais il faut, à tout prix, tenter de nous reprendre. Il ne s'agit pas de lutter contre l'art étranger par des moyens de basse concurrence, il s'agit, simplement, de lutter à ciel ouvert par une noble émulation. L'Italie fait aujourd'hui mieux que nous ; eh bien ! tâchons de main de faire mieux qu'elle ; à son tour elle essayera de nous dépasser, et nous aussi encore ; et à cette course généreuse vers le mieux, tout le monde gagnera, surtout le public. Voilà l'œuvre à faire, et vos amis et vous qui l'avez commencée, vous pouvez la porter à un résultat décisif. Il faut qu'il se crée des maisons françaises résolues à réaliser des œuvres grandes et fortes.

En parlant ainsi, vous le savez bien, ce n'est pas pour moi que je travaille, puisque la tâche toute personnelle que j'ai entreprise hors de France m'empêchera toujours de participer directement à l'effort que je voudrais susciter dans mon pays. Mais qu'importe ? Notre personnalité n'est rien, l'œuvre est tout.

Et vous, messieurs les industriels, un peu de courage et surtout de bon sens. Il ne s'agira plus désormais de faire seulement de bonnes affaires ; il faudra aussi que les affaires soient belles, ou elles périront. Car dans cette rénovation du cinéma, il ne va pas seulement d'un intérêt national, il y va du cerveau des générations futures, il y va de l'âme de l'humanité... »

Nous clôturons le présent chapitre 9 par l'exposé d'une méthode originale applicable à la rénovation ou réformation du cinématographe, méthode que nous ne pouvons moralement déconseiller, mais que nous ne saurions prendre la responsabilité d'encourager, car elle est aussi hardie que dangereuse. Elle revendique comme paternité un incident qui fit grand bruit à Lyon il y a quelques années.

Dans cette ville-lumière (avant la guerre c'était Paris devenue depuis les Zeppelinades la ville-obscurité) existe une Ligue contre l'immoralité de la rue. Or, l'un des membres de cette excellente et agissante ligue contre la pornographie, aperçut visiblement exposée dans un kiosque de journaux une gravure obscène. — Retirez cette ordure, enjoigna-t-il au marchand. — Je n'en ferai rien, riposta celui-ci. — Si dans les vingt-quatre heures vous ne vous êtes pas décidé, je ferai le nécessaire.

A l'expiration du délai fixé par l'ultimatum, le ligueur retourna au kiosque et se rendit compte que le marchand n'avait pas obtempéré à sa réquisition. Il résolut de l'y contraindre. A cet effet, il alla quérir un gardien de la paix, lui fit constater l'exposition d'une image indécente et pria l'agent de faire disparaître cette saleté. Le représentant de la loi opposa la force d'inertie. Alors, au grand ahurissement du sergent de ville, du marchand et des passants, il arracha l'objet inconvenant et le déchira en morceaux. Ce qui lui valut un procès-verbal pour contravention à l'article 479 du Code Pénal ainsi conçu :

« Seront punis d'une amende de 11 à 15 francs
« inclusivement ceux qui, hors les cas prévus de-
« puis l'article 434 jusque et y compris l'article
« 462, auront volontairement causé du dommage
« aux propriétés mobilières d'autrui. »

Dans le but de faire ratifier le procès-verbal, le ministère public fit comparaître le ligueur devant le tribunal de simple police.

La défense soutint la thèse suivante :

« La loi du 16 mars 1898 punit d'un emprison-
« nement d'un mois à deux ans et d'une amende
« de 100 à 5.000 francs ceux qui exposent, distri-
« buent ou mettent en vente sur la voie publique
« des écrits autres que le livre, des affiches, des-
« sins, gravures, emblèmes ou images contraires
« aux bonnes mœurs. Elle ajoute que les objets

« incriminés seront saisis ou arrachés. Donc un
« simple particulier a le droit d'arracher la publi-
« cation obscène si la police ne fait point elle-
« même son devoir ; donc il ne commet point une
« contravention à la loi pénale s'il procède à l'exé-
« cution d'une autre loi qui accorde un droit et
« prescrit un devoir. »

Le ligueur fut acquitté.

Cette question de principe était vraiment intéressante à faire trancher.

Ce qui s'est passé pour une gravure ordurière
peut tout aussi bien se passer pour l'écran où sont
projetées des vues contraires aux bonnes mœurs.
L'écran pourrait donc, d'après la jurisprudence
précitée, être crevé, lacéré à coups de couteaux
ou autrement, par un simple citoyen si le maire,
prié d'interdire la représentation outrageante dûment énoncée aux affiches, s'abstenait de le faire.
Mais cette jurisprudence honnête risque fort de
ne pas être suivie dans d'autres prétoires d'autant
plus qu'elle est juridiquement très discutable malgré que moralement irréprochable. Aussi briser
un écran pourrait attirer judiciairement à son auteur des déboires, notamment les ennuis d'un procès, une condamnation à l'amende et aux frais,
outre une douche de dommages-intérêts vis-à-vis
de l'entrepreneur de spectacles. De plus, au moment où serait commis le fait de détériorer ou
briser l'écran du cinématographe, les injures
pourraient pleuvoir et le pugilat s'engager. Mauvais tabac !

En conséquence, nous ne saurions recommander le moyen dont il s'agit, malgré l'admiration

que nous éprouverions pour le beau geste et le courage de celui qui risquerait le coup à ses périls et risques, conscient d'accomplir une bonne action.

C'est que la justice sommaire est un moyen généralement mauvais. Il peut conduire loin. Quand les masses, se sentant mal défendues par les lois et les autorités, ou mollement protégées, veulent se rendre justice elles-mêmes, elles ne savent pas raisonner, elles subissent les impulsions du moment. D'où le lynchage. Il ne faut pas davantage (en principe du moins, car il est des circonstances où on peut à l'extrême rigueur y déroger) que le citoyen pratique la justice sommaire, celle usitée par les foules, *la pire de toutes*. Et ce n'est pas peu dire

CHAPITRE X

Le Cinéma, les Pouvoirs Publics et les Autorités compétentes.

Nous abordons maintenant une question sur laquelle nous entendons nous expliquer aussi nettement que sur les précédentes : celle de l'attitude et des devoirs des détenteurs de la Puissance Publique en face des spectacles corrupteurs.

Les contribuables paient le Gouvernement et le Parlement assez cher pour être dotés de bonnes lois. Que nos Ministres, Sénateurs et Députés (qui sont tous « honorables » par définition !) veuillent donc bien mettre à profit les leçons de la guerre

La natalité et les familles nombreuses, d'une part, la moralité publique, d'autre part, figurent parmi les problèmes capitaux à solutionner après guerre.

Et pour relever la moralité publique, il faut laisser à l'Église la liberté, cesser de combattre la Religion et de discréditer ses Ministres. C'est la première et essentielle condition à laquelle devront se joindre d'autres moyens, notamment celui de veiller sur les entreprises cinématographiques et les empêcher de pervertir les masses. Mais pratiquement comment ? Par la confection d'une loi ainsi conçue :

ARTICLE I. — Le cinématographe devra être désormais d'une moralité irréprochable.

ARTICLE II. — Les films policiers, criminels, déprimants ou passionnels sont dorénavant interdits.

ARTICLE III. — En cas de contravention à l'un des articles qui précèdent ou à tous deux, les propriétaires d'établissements cinématographiques seront frappés d'une amende de 5 à 10.000 francs la première fois, de 10 à 20.000 francs la seconde fois. En cas de nouvelle récidive, leur matériel sera confisqué, l'établissement fermé et l'entrepreneur de spectacles privé de ses droits civils et politiques pendant dix ans.

ARTICLE IV. — La loi de sursis ne sera pas applicable.

En attendant que cette loi ou une loi analogue soit vôtée, nous formons le vœu que les municipalités, devenant un peu plus conscientes des devoirs moraux de leur charge, ne prêtent plus les établissements communaux et n'accordent plus de droit d'emplacement aux entreprises de cinémas qui ne prendront pas l'engagement de respecter la morale et donc d'exclure de leurs spectacles les horreurs habituelles.

Car il faut absolument arriver à éteindre l'incendie qui ravage notre pays.

Nous formons cet autre vœu : c'est qu'en attendant la loi de salubrité publique réclamée par la conscience et l'hygiène nationales sur les théâtres et spectacles de tous ordres, les Pouvoirs Publics et les détenteurs de l'autorité compétente (Préfets, Tribunaux, Assemblées Départementales, Conseils Municipaux, etc.) fassent preuve de clairvoyance et de sens national en se montrant vigilants et sévères à l'égard des entreprises de cinématographie, en mettant le public à l'abri des plaisirs malsains générateurs de tentations pernicieuses et d'amères illusions.

Les lois actuelles de droit commun pourraient à la rigueur suffire pour agir contre les pourvoyeurs de spectacles délictueux et criminels. Malheureusement les Parquets se désintéressent de cette question et ne poursuivent pas. Dites à un soldat alcoolique que l'ivresse dégrade l'homme. Que lui importe ? Il n'est pas gradé...

Les lois de droit commun dont nous parlons sont celles visant la provocation aux crimes et délits. Elles sont insérées dans les codes Dalloz, Sirey et autres. Il serait bientôt temps, à la vérité, de les appliquer en attendant mieux, c'est-à-dire une loi spéciale sur les théâtres et représentations de tous genres.

Mais comme il ne suffit pas de rédiger, voter et promulguer une loi, on devra aussi la mettre en application. Rien ne sert d'encombrer un peu plus notre arsenal législatif, déjà si volumineux et si complexe, si on ne tient la main à l'exécution comme cela se passe à l'égard des lois sur les outrages aux bonnes mœurs.

Les institutions, dit Georges Deherme, dépérissent malgré toutes les lois et tous les gendarmes si une énergie ne les garde, si une volonté ne les meut, si une âme ne les vivifie.

Pour rendre hommage à la vérité, nous devons reconnaître que, ces derniers temps, de louables efforts ont été faits çà et là pour enrayer le mal. Nous les citons pour que ces exemples soient médités, soient suivis.

Déjà nous avons fait mention d'un jugement du Tribunal correctionnel de Châlon-sur-Saône et d'un arrêt de la Cour d'appel de Dijon (voir chapitre 4) qui flétrissent les spectacles dégradants.

Le gouverneur du camp retranché de Toulon a pris un arrêté interdisant la représentation cinématographique de toutes scènes de banditisme ou d'immoralité.

Le Conseil Général de la Seine, dans la séance du 27 décembre 1916, a invité le Préfet de Po-

lice à prendre « des mesures énergiques pour la
« suppression des films démoralisateurs dans les
« cinémas et des affiches-réclames ayant rapport
« à ces dits films.» A cette même séance, M. Ven-
drin a demandé, sans l'obtenir malheureusement,
que le préfet de Police interdît aux jeunes gens
au-dessous de 18 ans l'accès des spectacles où se
déroulent des aventures policières.

Le Conseil municipal de Beaune a émis un
vœu spécifiant : « qu'il y a lieu de faire cesser les
« représentations des films policiers ou de drames
« susceptibles d'apprendre aux spectateurs l'art
« de commettre un vol, un crime, ou toute mau-
« vaise action, et que les exploits de nos soldats
« sont assez nombreux pour qu'il ne soit pas be-
« soin de recourir à des représentations de films
« susceptibles de corrompre la jeunesse fran-
« çaise. »

En raison de divers faits impressionnants et
notamment de deux suicides ayant eu leur origine
dans le cinéma, le préfet de la Rochelle a interdit
la représentation des films policiers « qui détraquent les imaginations et dont sont victimes
les cerveaux faibles ».

Il sied de citer également le geste salutaire du
Préfet du Tarn. A la suite du cambriolage commis
à Albi et dont nous avons touché deux mots dans
le chapitre 4, le Préfet du Tarn, impressionné par
ce fait que les délits avaient leur source dans l'imagination des délinquants surexcitée par les films,
convoqua, dans l'intérêt de la morale outragée et
de la sécurité publique, les Directeurs des établis-

sements cinématographiques de la ville et leur notifia, sous peine de fermeture, l'ordre de cesser immédiatement la reproduction d'exploits d'apaches.

M. le Préfet de la Loire a interdit dans son département l'usage des films policiers et autres représentant des exploits de bandits, ainsi que l'affichage de placards annonçant ces spectacles.

M. le Préfet d'Ille-et-Vilaine a prohibé lui aussi dans son département « la représentation par les cinématographes des crimes, exécutions capitales, scènes de débauche ou d'ivrognerie, cambriolages, romans policiers, et, en général, de toutes scènes ayant un caractère immoral, scandaleux et licencieux. » Son arrêté est basé sur ce considérant « qu'il y a lieu de protéger le public contre l'influence de certains spectacles susceptibles de porter atteinte à la morale et de pervertir l'imagination de la jeunesse. »

M. le Préfet du Rhône a pris lui aussi des mesures analogues.

Honneur à ces Préfets !

eux se montrent hommes d'initiative et d'énergie, bons administrateurs et bons citoyens.

Actuellement, le cinéma empoisonneur triomphe à peu près partout. Demain il périra. Nous aurons coopéré dans notre humble et bien petite sphère à sa mise au tombeau.

M. Laurent, Préfet de Police, a pris une mesure bonne en soi, mais inefficace. Elle consiste dans une censure des pellicules ou commission de cinq membres chargée d'interdire les films dangereux pour l'ordre public. Or, en fait, les prohibe-t-elle ? les autorise-t-elle ? Jugeant l'arbre à ses fruits, nous ne sommes pas précisément séduit par les résultats qu'elle obtient, car, malgré l'existence de la dite commission, les séances cinématographiques de Paris sont trop souvent immorales et excitatrices. Alors nous nous demandons à quoi sert cette commission de contrôle des films, sinon à gréver un peu plus le budget déjà si exsangue ? Sinon encore à donner un visa officiel à des représentations malsaines ? Qu'elle fasse son devoir ou bien qu'on la supprime. L'un ou l'autre.

La censure des pellicules nous incite à poser cette question : Qu'est-ce que la morale ? la pudeur ? l'honneur ? Réponse impossible à donner avec une morale sans Dieu. Serait-ce un idéal humain ? Mais, avec le temps, les mœurs changent (ô tempora, ô mores...) Donc l'idéal aussi.

Pas de principe indépendant et au-dessus de l'homme. L'homme se fait sa loi et il se la fait douce à ses mauvais instincts, supprime ce qui le gêne, ne considère que ses intérêts (honos post nummos, l'honneur après les écus !)

Il faudrait aussi savoir quel est l'idéal des cen-

seurs ? Sont-ils de bons pères de famille ou
d'autres ?... Considèrent-ils leurs charges comme
des fonctions, des gagne-pain qui exigent seulement de l'exactitude, du travail à tant l'heure...
ou bien comme un sacerdoce où on se dévoue,
sans tenir compte des avantages et des inconvé-
nients, de l'avancement, des primes, etc. ?

Grande est la responsabilité des Pouvoirs Publics et des Autorités compétentes qui n'ont pas
le courage de réagir contre les spectacles malsains
et la licence des rues, qui laissent contaminer le
Pays !

Que Messieurs les Maires nous permettent de
leur donner respectueusement un conseil. Quand
un propriétaire de cinématographe ambulant se

présente à eux et sollicite l'autorisation de s'éta-
blir pour quelques jours sur la place publique,
offrant de payer les droits afférents, qu'ils
veuillent bien lui poser cette question : « Don-
« nez-vous en représentation *le Cercle Rouge* ?
« *Les Vampires* ? *La Main qui Étreint* ? *Le*
« *Masque aux Dents Blanches* ? *Les Mys-*
« *tères de New-York* ? Des vues policières ou
« passionnelles ? » Si la réponse est affirmative,
« le Maire n'a qu'à riposter simplement : « Je ne
« perçois pas bien l'avantage national qu'il y a
« pour tant de « Vampires » à sucer le peu de
« sang qui nous reste... Je suis au regret de ne
« pouvoir vous autoriser, car j'ai la charge en
« conscience de faire respecter la moralité pu-
« blique dans ma commune, de même que la loi
« du 5 avril 1884 m'a confié la police des spec-
« tacles. Je manquerais gravement aux devoirs
« de mes fonctions si j'acquiesçais à votre de-
« mande. Vous comprendrez combien il m'est
« désagréable de vous priver de bénéfices com-
« merciaux et ma commune d'un droit de place,
« mais le salut public avant tout. »

Si tous les Maires de nos petites villes et de nos
chef-lieux de cantons avaient cette énergie et
étaient animés d'un grand esprit de devoir, ils
feraient un bien immense en empêchant l'empoisonnement moral de leurs administrés. Quant
aux entrepreneurs de spectacles ambulants, les
« fours » successifs qu'ils feraient dans leurs tour-
nées provinciales les forceraient à ne plus acheter
de films passionnels et dégradants, les contrain-
draient à se munir de pellicules honnêtes et donc

à ne plus donner désormais au public que des représentations saines.

Puisse notre conseil être suivi ! C'est pour la France !

Mais nous ne saurions nous faire illusion. Ils seront une minorité, même une très petite minorité, les maires qui, à l'exemple de celui de Troyes et de celui de Sablé-sur-Sarthe, interdiront dans leurs villes la projection des films dangereux ; qui, à l'instar de celui de Montluçon, écriront aux directeurs d'entreprises cinématographiques une lettre analogue à celle que ce magistrat municipal leur envoya et dont la teneur suit :

MONSIEUR LE DIRECTEUR,

Le cinéma est devenu un spectacle essentiellement populaire : il est fréquenté par un grand nombre de jeunes gens et même par des enfants. Dans ces conditions, l'intérêt général commande de se préoccuper de l'influence que peut avoir la représentation de certains films sur les cerveaux si impressionnables de la jeunesse.

L'expérience a démontré que certains films constituent pour les enfants et les jeunes gens une excitation au crime ou au délit. C'est pour mettre fin à cet inconvénient grave que je vous prie de prendre note que les films policiers ou tous autres qui, dans leur développement, montrent l'intelligence et la ruse au service du crime doivent être rigoureusement écartés.

C'est un avertissement dont, je l'espère, vous tiendrez compte dans l'avenir : mais je tiens à vous faire connaître que, s'il en était autrement, je n'hésiterais pas à prendre un arrêté pour interdire des spectacles de nature à pervertir la jeunesse.

Veuillez agréer, Monsieur le Directeur, l'expression de mes sentiments distingués.

Le maire : P. CONSTANS.

Il est des maires assez peu soucieux de leurs devoirs pour se désintéresser de faire supprimer les obscénités des programmes, d'autres qui ont peur de mécontenter une partie des ouvriers leurs électeurs et qui craignent de compromettre ainsi leur réélection municipale. C'est une lâcheté. Ils se font complices du mal. Voilà pourquoi une loi sur les spectacles cinématographiques et autres s'impose. Elle régira la France et ses colonies, alors que les initiatives louables de quelques rares maires ne peuvent avoir d'effet salutaire que dans une sphère restreinte, celle de leurs territoires respectifs. Seule une loi est à même d'extirper partout le poison des mauvais films avec une dextérité chirurgicale.

La Croix s'est plaint amèrement de ne pas pouvoir remplir sa mission de journal catholique.

Quand on lit des choses pareilles à celles citées et qu'on a un peu de sang dans les veines, on bondit !

On est poussé par le besoin de protester, de réfuter ! Chaque fois que nous l'avons fait, la Censure a prohibé les ripostes qui lui déplaisaient, celles qui portaient le mieux. Mais elle tolérait les attaques... Est-ce de l'incohérence ou de l'improbité ? Dans notre deuxième édition de « *Pourquoi et quand vaincrons-nous ?* » elle nous interdit de reproduire plusieurs pages de la première édition. N'est-ce pas grotesque ? Elle a mutilé notre œuvre au point de la rendre méconnaissable et incompréhensible. A force de batailler, nous avons fini par l'emporter.

Écoutez *le Temps*, cet organe huguenot, dont les attaches avec les Grands du jour sont de notoriété publique, dont au surplus les opinions avancées sont aussi bien connues que ses amitiés politiques. Il ne dit pas autre chose que ce que nous ne cessons de dire et d'écrire depuis des mois :

Quand, plus tard, on étudiera la discipline imposée, pendant la guerre, à toutes les manifestations de la pensée, mise en état de siège par nécessité patriotique, quand on comparera le sort de l'écrivain, du romancier, de l'auteur dramatique ,du journaliste, du dessinateur ou du chansonnier, à celui du pourvoyeur de l'écran démoralisateur, on n'arrivera pas à comprendre pourquoi une autorité investie d'un pouvoir absolu a si souvent bâillonné les uns et encouragé l'autre. Lorsqu'un gouvernement peut effacer de son horizon tout ce qui lui déplaît au moyen d'une simple consigne impérative donnée à ses censeurs, on ne s'explique pas sa timidité en présence des méfaits avérés de certains auteurs de films. Pourquoi ne saisit-on pas une bande comme on saisit un journal ? Pourquoi ne ferme-t-on pas une salle de cinéma comme celle d'un cabaret artistique ? Pourquoi, surtout, la préfecture de police ne reçoit-elle pas la consigne très simple de refuser désormais son visa aux scénarios infestés de surineurs et de monte-en-l'air, punis ou non à la scène finale ?

Pour clore ce chapitre, nous disons aux Pouvoirs Publics : Faites cesser d'urgence les spectacles pervertisseurs. Mettez de l'ordre en tout et partout. D'un côté, vous avez en face de vous les éléments de vie ; de l'autre les éléments de mort. Soignez ceux-là ; sapez ceux-ci. Votre rôle est de veiller au bien public, de le développer, non point de tolérer ou favoriser le mal. Le renversement de ces deux termes nous a coûté assez cher pour que les fautes ne soient pas renouvelées. Franchement, entendez-vous persévérer dans les folies d'antan ? Les sentiers de l'épreuve ne vous conviennent-ils pas à sortir de l'ornière cinématographique et des autres ? Car tout s'enchaîne ! — Prohiber les films policiers, éviter ainsi la formation de névrosés, de déséquilibrés, de malfaiteurs, prévenir les coups de surin des apaches et les hardis cambriolages qui sont la mise en pratique de l'écran théorique, ne serait-ce pas plus intelligent et plus patriotique que de censurer

CONCLUSION

Cueilli dans le discours de Mgr Touchet, évêque d'Orléans, prononcé en cette ville le 31 juillet 1905 en la séance d'ouverture de la deuxième « Semaine sociale » de France, et relatif à l'action de l'Église sur l'évolution sociale, les intéressantes vues que voici :

Récemment eut lieu à Orléans une exécution capitale. La foule venue de partout, mais principalement du dehors, s'est montrée horrible d'impatience et de curiosité malsaines. Elle a chanté. Elle a bu. Elle a vociféré. Les hommes ont crié : « A mort ! » comme si la mort ne venait pas assez vite à leur gré. Des femmes ont retenu des places de faveur. Il leur fallait le premier rang ; il leur fallait bien voir. On a promis à des enfants, s'ils étaient sages et studieux, de les mener voir raccourcir Languille ». On a gouaillé le tombereau qui emportait les débris douloureux du supplicié. Des gamins ont voulu respirer l'odeur fade du sang. Ça été dans notre cité correcte, froide, régulière, un certain démusellement de la bête humaine. Je parlerais avec moins de liberté si je connaissais les noms de ceux qui prirent leur part de cette erreur. Je les ignore.

Aussi bien qui est le responsable définitivement ? Qui est le grand coupable ? La loi. Que la loi enferme ses bois de justice derrière les murailles de la prison ; qu'elle y supplicie les criminels. Les leçons de sa vindicte n'en seront pas moins éloquentes : et des scènes démoralisantes seront épargnées à la foule. *Nullus in urbe cadat, cujus sit pœna voluptas.* Pas de mort, pas de supplice où l'on coure comme à la fête. Ce sera du progrès social.

Encore : je me suis laissé conter que dans un État du Nord dévoré par l'alcoolisme, on a supprimé le fléau Comment cela ? En brutalisant les ivrognes ? Nullement. La première fois l'ivrogne est condamné à quatre jours de prison. Mais on le soigne si bien ! La seconde à huit jours. Et on le soigne mieux. Alors il élira domicile à la prison ?... Ne vous hâtez pas de pronostiquer. En effet la prison est pour lui, mais les frais d'hébergement sont pour le cabaretier chez lequel il s'est énivré. Et celui-ci y regarde avant de verser le verre suprême, celui qui noiera le cerveau.

Quand la loi aura édicté pareille mesure en France, nous serons presque à l'« Austerlitz » de la Ligue anti-alcoolique. Ce sera du progrès social.

Encore. Le mal profond de l'heure présente, le germe de toutes les divisions, donc, certainement de toutes les faiblesses, donc peut-être de toutes les ruines, c'est l'intolérance jacobine. Le Jacobin obtus et féroce a pris pour but de son gouvernement la fin de toute religion. Autrefois il avait quelque faible pour le Protestantisme et le Judaïsme. Il paraissait aimer les psaumes chantés en français, et les prophéties modulées en hébreu. Maintenant toute prière l'importune ; le Dieu de Calvin, le Jéhovah de Moyse, le Christ des catholiques l'irritent également. Vous voulez lui être ami ? Voici le Code qui conditionne ses tendresses et ses faveurs : « Article 1er : Vous n'aurez pas de religion. — Art. 2 : Votre femme, vos enfants surtout, n'auront point de religion. — Art. 3 : Votre belle-même n'aura point de religion. — Art. 4 : Votre cousin n'aura point de religion. » Je sais un fonctionnaire, pas des moindres, très intelligent, très distingué, qui n'avancera plus. Il a une fiche : et sur cette fiche une main délicate a écrit : « on l'a vu aller à la pêche avec le curé ». Si ces pratiques odieuses et basses cessaient jamais ; si les honnêtes gens qui ont affirmé, qui affirment qu'elles cesseront, finissaient par avoir raison ; si l'article fondamental et sacré de toutes les constitutions modernes, « *la liberté de conscience est assurée à chacun ; nul ne peut être inquiété pour ses opinions philosophiques et religieuses »*, finissait par être plus qu'une phrase d'imprimerie, ce serait du progrès social, de l'immense progrès social.

A notre tour de dire :

« Encore. » Quand les spectacles cinématographiques et autres, d'un caractère dangereux pour la moralité et l'ordre publics, seront enfin désertés par les foules, interdits par les autorités ou bien assainis ; quand les cerveaux ne seront plus surexcités par les films outranciers et exhibitions de toutes sortes, ce sera aussi du progrès social.

Ce progrès, il faut absolument le réaliser. Le patriotisme le prescrit de si impérieuse voix qu'un tel devoir ne saurait être éludé, qu'on ne saurait s'y dérober par égoïsme ou lâcheté.

Or, fermer les yeux et tolérer le dévergondage, c'est une forme de la complicité. *Qui non prohibet cum potest, jubet* (Cicéron, traité des devoirs), Celui qui n'empêche pas le mal quand il le peut, l'ordonne ou en est complice.

Un million de citoyens français ont généreusement versé leur sang ou donné leur vie pour conserver la Patrie.

Ceux qui ont échappé à la tuerie, comme ceux qui ne sont pas allés sur le front, sont tenus de respecter le testament des héros : veiller à ce que la France soit pure et puissante.

Sacrilège il serait de trahir leurs volontés dernières.

Mais pour réaliser leur vœu suprême d'une France probe, grande, forte, il faut christianiser, il faut donner la vie, il faut restaurer les mœurs, changer les méthodes en cours, apurer les insti-

tutions, favoriser le bien, saper le mal partout
où il sévit — donc au cinéma comme ailleurs.

Par reconnaissance envers nos glorieux tués,
par vénération pour leur mémoire, par respect
de leur acte testamentaire, par nécessité nationale,
par devoir social, par amour de la France, sa-
chons nous consacrer à tout ce qui contribue à
la grandeur du pays, ayons le courage d'abattre
tout ce qui concourt à sa perte. *Salus patriæ lex
esto !*

Dieu bénira les efforts. Jusqu'ici Il a visible-
ment protégé la terre de St Martin, de Clovis, de
St Louis, de Jeanne d'Arc et de St Vincent de Paul.
Continuant les faveurs de son Sacré-Cœur à la
France, Il fera luire sur elle le beau soleil du re-
lèvement matériel et de la rénovation morale.

La France, selon la belle expression de Maurice Barrès, a toujours été le pays des réveils et
des recommencements.

Malgré la tourmente qui se prolonge, on pres-
sent en effet l'aurore derrière la nuit : l'aurore de
la victoire extérieure contre l'Allemagne et l'aurore de la victoire intérieure contre les sectes im-
pies et les éléments morbides. La flamme de
l'idéal monte en dépit des vents contraires. La
France, ennoblie par la souffrance et le sacrifice,
mûrie par la douleur, régénérée par le sang, trans-
figurée par la Foi, s'épanouira comme le figuier
auquel Dieu permit de refleurir après l'épreuve.

Espérons ! Haut les cœurs !

Il cessera bientôt ce chaos apocalyptique qui
secoue la terre, les mers et les airs.

Tout en achevant d'expier le passé, notre im-
prévoyance coupable, notre improbité politique,

notre apostasie nationale, tournons-nous avec
confiance vers l'avenir, saluons avec émotion la
renaissance spiritualiste, artistique, littéraire et
économique, envoyons un baiser d'amour et de
bienvenue à la Résurrection Française.

Demain s'évanouira la rouge lueur des fon-
deries homicides d'Essen, demain cessera le car-
nage, demain tariront les angoisses, demain sè-
cheront les larmes, demain cicatriseront les plaies
corporelles et morales, demain s'embrasseront
la paix et la justice. Notre Patrie en voie de puri-
fication et qui déjà a retrouvé son âme, se tour-
nera officiellement vers le Christ qu'elle avait re-
nié, renouera les relations avec son Vicaire et sui-
vra désormais la doctrine de Celui qui est la vie.
Ce sera à tous points de vue pour le plus grand
bonheur de ses enfants.

Oh ! la glorieuse et la noble France que la
France de demain ! Comme elle s'est déjà relevée
aux yeux de l'Univers et comme elle va digne-
ment parfaire sa rédemption !

Bénie soit donc la Providence !

Cette année 1917, des événements extraordinaires vont se dérouler, que nul ne soupçonne et
qui plongeront chacun dans la stupéfaction, em-
poigneront chaque être d'une indicible émotion.

Après le désarroi, ce sera le triomphe du Sacré-
Cœur.

Affirmation hardie, nous objectera-t-on...

On verra bien !

Gardez-vous d'oublier ces deux vers d'Athalie :

Celui qui met un frein à la fureur des flots,
Sait aussi des méchants arrêter les complots.

On voulait arracher l'humanité et plus spécialement la France au règne de Dieu et voilà que la guerre va arracher cette humanité et plus spécialement cette France au règne de Satan !

On croyait avoir à tout jamais terrassé l'Église et voilà que la guerre va se charger de rappeler que l'Église demeure envers et contre ses ennemis l'éternelle victorieuse !

On avait chassé le Christ des écoles, des hôpitaux, des prétoires, du Parlement, des Ministères, de tous les établissements, de toutes les administrations, de toute la législation de France et voilà que la guerre l'aura fait sortir de ses temples où on l'avait claquemuré, séquestré !

Le sang des martyrs de l'Arménie et de la Syrie aura été de la semence de chrétiens ; les millions de sacrifices de toutes sortes offerts généreusement à Dieu ne l'auront pas été en vain ; l'hérésie luthérienne et l'islamisme seront défaits, Constantinople et Jérusalem délivrés du joug ottoman ; les libertés religieuses et la justice sociale brilleront d'un vif éclat ; Dieu bafoué et proscrit reprendra sa place nationale en France et la chrétienté sera reconstituée.

Les yeux au Ciel, Messieurs, et à genoux ! L'homme n'est jamais si grand que lorsqu'il s'agenouille devant le Créateur !

...Tombez, altières colonnades,
Croulez, fiers chapiteaux, orgueilleuses arcades !

TABLE DES MATIÈRES

PRÉLIMINAIRES II

Ch.   I. Le cinéma et la science.................... 15

Ch.   II. Le cinéma et la vogue.................... 19

Ch. III. Le cinéma et le reportage.................. 23

Ch.   IV. Le cinéma et l'école du vice, du crime 29

Ch.   V. Le cinéma et le bref laïque de l'absolution
           de ses méfaits............................. 59

Ch.   VI. Le cinéma, les parents et l'éducation des
           enfants.................................... 103

Ch. VII. Le cinéma, l'éducation des masses et la vul-
           garisation des connaissances utiles....... 127

Ch. VIII. Le cinéma et le service de la Justice........ 135

Ch.   IX. Le cinéma et les initiatives privées pour le
           réformer 145

Ch.   X. Le cinéma, les Pouvoirs Publics et les Auto-
           rités compétentes 161

     CONCLUSION 181

IMPRIMERIE DE L'EST. — BESANÇON